KB266672

놀며
배우는
움사랑

놀며 배우는 움사랑

도시 생태어린이집 이야기

문수아 지음

대구에서 20년 넘게 아이들과 재미나게 보내고 있다. 아이들과 함께 하는 하루는 늘 새롭다. 예측할 수 없는 일이 반복된다. 그래서 더 재미있다.

지금은 출생률 저하로 운영에 어려움이 있지만, 장가가서 아이 낳아 보낼 거라는 졸업생 시현이의 약속을 믿고 기다린다. 늙어 힘이 부칠 때까지, 지치지 않고 아이들과 함께 웃으며 살고 싶다.

언젠가 어린이집 전체 교직원, 부모, 아이들이 함께해온 이야기를 풀어내 보고 싶었다. 더 늦기 전에 이야기를 시작해보려 한다.

생태어린이집이지만 도시 건물들 한가운데 있다

움사랑은 대구 북구 칠곡의 산도 없고 물도 없는 건물들 한가운데 대지 300평, 연면적 300평의 2층 건물에 자리 잡은 도시 속 생태어린이집이다. 처음 찾아오는 분들은 우리 어린이집이 생태어린이집이라고 하는데 건물들 사이에 있는 걸 보고 당황하기도 하신다. 아마도 넓은 땅에 나무가 몇 그루 있고 한 귀퉁이에는 토끼 몇 마리가 뛰어다니리라 기대한 듯하다.

환경이 다 갖추어져야 생태어린이집을 운영할 수 있다고 한다면 우리는 시작조차 할 수 없었을 것이다. 하지만 마당의 흙놀이터와 상자텃밭만으로도 자연의 배려 속에서 아이들은 정신없이 놀 수 있다. 또한 동네 산책을 나가 보면 곳곳이 공원이고 놀 곳이다. 가끔 남의 마당을 (병원, 절, 아파트 놀이터) 뛰어다녀 민망하기도 하지만, 모두 잘 놀다 가라고 해준다. 탄소 배출이 많은 것이 걱정이지만, 차를 타고 나들이 갈 곳도 많다.

그러니 이 글은 환경을 극복해 잘 놀고 잘 먹고 잘 자라는 아이들이 모인 도시 생태어린이집 생존기라고 할 수 있겠다.

놀며 배우는 움사랑

골목을 지나 어린이집 입구로 들어가 놀이터 문을 열면 분필로 바닥에 찌그러진 동그라미를 그려놓고 선생님 얼굴이라고 당당히 주장하는 아이들을 볼 수 있다. 오른쪽 흙놀이터에는 구덩이를 판 다음 물

움사랑생태어린이집에 들어서면

을 붓고는 그 안에 들어가 첨벙거리며 노는 아이들이 보인다. 미끄러져 내려오라고 이름이 미끄럼틀인 놀이기구 위에 올라가 있는 아이, 들어가지 말라고 그물로 막아놓은 놀이터 아래쪽을 기어이 파고 들어가 옹기종기 모인 아이들도 눈에 들어온다.

이미 지어진 건물에 입주한 터라 큰 시도는 할 수 없었으나, 기존 플라스틱 놀이터를 뽑아버리고 나무로 조합놀이대를 새로 제작했으며 흙을 몇 트럭 가져다 부었다. 마당에는 상자화분 여러 개를 놓아 채소와 꽃을 가꾼다. 왼쪽 별관 1층 한쪽 조리실에서 조리사님이 분주히 급식 준비를 하는 게 엿보인다.

이제 본관 현관문을 열고 들어서면 넓은 공간이 나온다. 큰 어항 4개에 사는 민물게와 민물고기들이 가장 먼저 반겨준다. 어항은 상당히 크다. 나는 저걸 치우면 공간이 훨씬 넓어질 거라고 생각하지만, 교실 문을 열고 나오면 먼저 어항 앞으로 달려와 물고기들과 알아들을 수 없는 대화를 나누는 아이들 때문에 참는다.

예전에는 1층 안쪽 깊숙이에 사무실이 있었는데 현관문을 열고 나가려는 아이들도 지킬 겸, 오고 가는 내·외부인도 살필 겸 1층 개방공간의 한 귀퉁이로 옮겼다. 그러고 나니 잘했다는 생각이 든다. 원에서 일어나는 사소한 일들이 다 보이는 명당이다.

1층에는 큰 교실이 4개, 작은 교실이 한 곳 있다. 천장이 높아 시원하다. 그래서 2층으로 올라가는 계단이 길다. 2층에도 교실이 다섯 칸 있다. 이 교실마다 12개월 미만의 해오름반, 한 살 터일굼반, 두 살 싹틔움반, 세 살 물오름반, 네 살 꽃피움반, 다섯 살 씨영금반 아이들이 모여서 생활한다. 2층의 한가운데에도 넓은 공간이 있다. 이곳에는 사방으로 책장을 짜 그동안 사 모은 그림책을 다 꽂아놓았고 예쁜 매트와 의자도 놓아두었다. 그림책 놀이터이다. 교구장이나 간단한 장들은 생활형 목수인 남편이 목공소에 가서 나무를 사다 만들었다.

옥상은 백 평이 넘는데 이곳에도 인조잔디를 깔아 놀이터로 사용한다. 그냥 뻥 뚫리고 아무것도 없는 공간인데도 아이들이 가장 좋아하는 놀이터 중 하나이다.

전체적으로 예쁘거나 고급스럽지는 않다. '아이들이 놀다 갔나 보다' 싶은 어수선한 평화가 공존하는 곳이다.

1층에 있는 어항과 사무실

움사랑, 그 이름의 의미

움사랑이라는 이름은 시 쓰는 아버지가 지어주셨다.

'움'은 풀이나 나무에 새로 돋아 나오는 싹이다. 씨, 줄기, 뿌리 따위에서 처음 돋아나오는 새싹과는 약간 다르게 쓰이는 말이다. '움 트다, 움직이다'라는 뜻으로 자연에서 건강하게 자라는 아이들을 상징하기에 우리 생태어린이집 이름으로 딱 알맞다.

굳이 생태를 덧붙인 건 세상과 나를 향한 약속이었다. 아이를 아이답게 키우겠다는 약속, 자연의 흐름과 계절의 변화에 순응하며 잘 먹이고 잘 놀게 하고 잘 자게 하겠다는 다짐을 담았다.

생태교육과의 만남

평소 생태에 관심이 많았는데 2007년쯤 대구 지역 생태유아교육협회를 이끌던 김정화 교수님의 소개로 주말마다 군위 시골에 있는 매곡리 작은교회에서 공부를 시작했다.

거기서 곽은득 담임목사님을 만나며, 나는 내가 사는 세상을 새롭게 바라보는 눈을 얻었다. 사회와 역사, 문화와 경제를 넘어 존중하며 살아가는 법을 배웠다.

특히 교회 입구 낡은 나무 현판에 새겨진 '놀며 배우는 매곡리 자연학교'라는 글귀는 이후 내 길을 밝혀준 등불이자 목표가 되었다.

또 그곳에서 만난 화왕산 숲속애자연학교의 서영예 선생님께 환경과 지구, 먹을거리에 대한 깊은 고민을 배우며, 그것을 어떻게 내 삶과 교육에 연결할지 궁리하기 시작했다.

윤태규 선생님을 만나며 교육기관의 장은 어떤 사람이어야 할지도 배웠다. 이오덕 선생님의 제자로 42년간 초등학교 현장을 지키신 윤태규 선생님은 무엇보다 교장의 권위를 내려놓고 교사와 학부모, 그리고 아이들의 목소리에 귀 기울이며 낮은 곳에서 소통하는 모습을 보여주었다. 이는 내가 어떤 자리에 서 있어야 하는지를 늘 일깨워주는 이정표가 되었다.

그렇게 생태교육을 만났다. 이분들을 만나지 않았다면, 나는 아마 내 일상의 삶과 분리된 생태유아교육을 하고 있지 않았을까 싶다.

그때부터 먹을거리를 바꿨고, 환경을 바꿨으며 교사들과 공부를 했다. 교사 중에 같은 뜻을 가진 동지가 있었는데 그분은 지금까지 우리 생태어린이집의 중심을 잡아주며, 중간관리자로 제 역할을 톡톡히 해주고 있다. 우리 어린이집은 이렇게 오래 함께한 교직원들이 균형을 맞추어준다.

가던 길이 힘들 때도 많았다. 많은 자료와 정보가 있었지만, 우리 어린이집 아이들에게 적용하려 하니 또 다른 노력이 필요했고 막연하기도 했다. 혹시나 우리가 하는 방법이 잘못되었다면, 그 피해가 고스란히 아이들에게 돌아갈 것을 알기에 조심스럽고 불안했다.

그 당시 바람 중 하나가 앞서가며 따라오라고 해줄 누군가가 있으면 좋겠다는 것이었다. 그래서 어디든 좋은 본보기가 있다는 소리를 들으면 거리를 상관하지 않고 달려가 보고 배웠다. 새로 만들어 나갔고 따라 하기도 주저하지 않았다.

그러다 보니 지금은 누군가가 나한테 도움을 요청하면 주저하지 않고 자료와 고민을 나눈다. 학자나 전문가의 가르침과 논문, 많은 책자가 우리에게 도움을 줄 수 있으나 때때로 나와 우리 교사들이 해왔던 일들이 더 실제적인 도움이 될 수 있을 것이다.

그래서 이 책에서는 전문적인 논문이나 기존에 출간된 책을 인용하여 증명하거나 애써 타당성을 이야기하지 않으려 한다. 경험과 실천한 이야기들을 주로 할 것이고 지금까지 기록해두었던 자료들을 첨부한다.

이 글이 몸과 마음과 영혼이 건강한 아이들을 키우는 길에 조금이라도 도움이 되었으면 한다.

2026년 봄

문수아

• 차례 •

시작하며 004

(1) 아이들의 일상 세계

01 잘 노는 아이들

생태어린이집의 하루 020
생태어린이집의 놀이와 배움 027
마당 흙놀이터와 옥상놀이터 이야기 033
움사랑 아이들은 자연으로 나간다 041
세상과 다른 길을 가며 우리가 지키는 것 049

02 때에 맞춰 자라는 움사랑 반 구성

해오름: 세상에서 가장 예쁜 막내반 060
터일굼: 세상 무서울 게 없는 안하무인 한 살 063
싹틔움: 세상천지 잘난 두 살, 다 할 수 있어 067
물오름: 힘과 고집이 세지는 대략난감 세 살 072

꽃피움: 아는 듯 모르는 듯 네 살 076
씨앗금: 진짜 형님 다섯 살 080
연령 통합교육의 의미 085

03 계절을 즐기는 아이들

적응의 계절, 봄 092
신나는 여름 097
숲놀이의 절정, 가을 102
추워도 씩씩하게 노는 겨울 108

04 노래하며 함께 사는 아이들

아이들의 노래는 어디에 있을까 116
우리 방식의 노래 발표회 123
지구의 일부가 되어 지구를 지키는 실천 129
텃밭잔치와 아나바다 134
교사와 가정에서 해야 하는 생태교육 실천 140

05 잘 먹는 아이들

1년의 순환, 생명의 밥상 프로젝트　146

매곡리 자연학교 유아생태텃밭 안내　151

우리 어린이집의 식재료 원칙　153

생태어린이집 운영을 꿈꾸는 원장님께　158

꾸준한 영양·편식 예방 교육으로 변화 불러오기　159

고기는 덜고, 채식은 더하고　164

(2)　생태교육을 만드는 사람들

06 생태어린이집의 부모와 교사

열린 마음, 열린 어린이집　174

알림장, 소통의 창구이자 신뢰의 통로　183

알림장 사진을 기다리는 부모님께　188

처음 우리 원을 방문하는 부모님에게 해주는 말　189

생태어린이집의 교사　193

07 함께 걷는 사람들

매곡리를 만나다   204

생명의 밥상   209

2026년 쌀 계약재배 협약식을 마치고   212

나의 영원한 동반자, 가족과 함께   217

마무리하며   220

부록

얘들아, 너희들의 노래를 불러라   225

매곡리 아이들   229

남의 집 귀한 자식 함부로 키워주는 어린이집   235

자료: 움사랑 2025년 기록 파일   244

아이들의
일상 세계

01

잘 노는 아이들

어렸을 때 진짜 많이 놀아본 아이는 자기 삶의 주인으로 당당하게 잘 자란다. 갈등이 닥쳤을 때 슬기롭게 해결할 줄 아는 힘, 남과 다른 기발한 표현으로 세상을 바라보는 눈은 모두 '제대로 놀아본 시간'에서 나온다.

아이답게 자라는 즐거움이 가득한 움사랑의 일상을 이야기해 보려 한다.

생태어린이집의 하루

우리 움사랑생태어린이집의 하루는 보통 8시부터 10시 사이에 아이들이 등원하면서 시작된다. 어제의 피곤이 풀리지 않았는지 어떤 아이는 버스를 타자 다시 잠에 빠져든다. 어린이집 버스가 도착하자 엄마와 떨어지기 싫은 아이는 엄마를 끌어안고 한참을 큰 소리로 운다. 이 아이는 버스를 타고서도 계속 울다가 언제쯤부터인지 옆자리 형님과 대화를 시작한다.

"너 우리 반에 하은이 알아?" "몰라." "왜 몰라?"

그러다 버스가 움사랑에 도착하면 "우리 같이 내리자"라고 말한 형님이 손을 잡고 내려 그대로 교실까지 들어간다. 이 아이는 그 형님만 있으면 안 울게 되었다.

또 한 아이는 울기는 울었으나 선생님 품에 안긴 후 마음을 다

잡으려는 듯 눈을 감는다. 그러고는 선생님이 "우리 버스 안에서 어느 자리에 앉을까?"라고 소곤거리자 "응, 기사님 뒤에"라고 선택을 했다. 우리 아이들에게 기사님 뒷자리는 특별석이다. 그렇게 자기 의지로 좌석을 선택한 아이는 즐겁게 어린이집으로 향한다.

어린이집 현관 앞에서 벨을 누르고 들어오는 아이들은 부모와 교실 앞까지 함께 간다. 이건 우리 어린이집의 원칙이다. 이곳은 부모와 강제로 헤어지는 곳이 아니라 재미있게 놀다가 다시 만나는 공간이다.

걸어서 등원하는 아이 중에 처음에는 자기 교실에 가기 싫어하던 아이가 있었다. 엄마 손을 놓지 않았다. 선생님은 억지로 떨어지게 하지 않았다. "그럼 엄마랑 함께 들어가자." 그렇게 한두 주가 지나니 어느 날 그 아이가 스스로 교실로 들어갔다.

이렇게 움사랑의 떠들썩한 하루가 시작되었다. 울었던 아이도 결국 즐겁게 하루의 막을 연다.

자유놀이

교실로 들어오면 친구들을 만나 아침 자유놀이를 시작한다. 그날의 일정이 있다면 반마다 다른 활동도 하지만 특별한 일이 없다면 자유놀이를 한다.

우리 어린이집에서 말하는 '자유놀이'는 아이가 스스로 호기심에서 출발해 스스로 선택하고, 스스로 몰입하는 놀이이다. 충분한 시간을 주면, 아이는 스스로 책임지고 문제를 해결하는 법을 배울 수 있다. 교사는 단지 그 옆에서 기다려줄 뿐이다.

우리 어린이집에서는 알록달록 예쁘기만 한 플라스틱 교구 사용을 줄여보려 노력하는데 쉽지는 않다. 교구를 교사들이 아이들과 직접 제작하기도 하고 부모들에게 부탁하여 손뜨개로 놀잇감을 만들기도 했다.

점심시간

오전 놀이를 마치면 이제 밥을 먹어야 한다.

손을 씻고 자리에 앉으면 선생님이 배식을 시작한다. 동생반은 선생님이 배식하지만 조금 자란 아이들은 직접 밥과 반찬을 담는다.

매곡리 텃밭에서 잘 키운 상추쌈을 먹을 때면, 아이는 자기 손보다 훨씬 큰 상추를 소중히 손바닥에 올려놓는다. 그다음 조심스럽게 밥을 올리고, 작년 봄에 직접 담은 된장까지 한 숟갈 올려 야무지게 오므려 입에 넣어 맛있게 먹는다.

심지어 터일굼 한 살 반 아이들도 쌈을 싸 먹는다. 평소 집에서는 쌈을 싸거나 먹는 것을 어려워하고 싫어하던 아이들도 직접 심고 가꾸고 거둔 상추는 맛있게 먹는다.

김치를 싫어하는 아이가 있었다.

싫어하는 음식도 스스로 선택하면 맛있게 먹는다

선생님이 물었다. "김치 싫어?"

"응. 매워."

"그럼 하나만 먹어볼까?"

아이가 생각해 스스로 선택하도록 기다린다. 그렇게 하나를 먹은 아이는 다음 날이 되면 앞서서 '하나'를 집기도 한다.

굳이 "이건 다 먹어야 해", "이렇게 많이는 못 먹어", "그건 나중에"라고 할 필요가 없다.

아이는 스스로 먹을 수 있을 만큼 먹는 것으로 시작하고, 교사는 기다려주고 지지해준다. 강요가 아닌 기다림 속에서 아이는 진짜

'맛'을 배운다.

낮잠 시간

동생반은 식사를 마치면 양치질을 하고 낮잠을 잔다. 아이들은 잘 때 가장 예쁘다더니 진짜 예쁘다.

이불을 머리끝까지 덮고 자는 아이, 아기토끼를 데리고 와서 꼬옥 끌어안고 자는 아이, 굴러다니며 자는 아이…. 선생님이 토닥거리면 쓱 밀어내고 혼자 자기도 하고 반대로 한참을 토닥거려야 잠드는 아이도 있다.

낮잠을 자기 싫어하는 아이도 있다. 그러면 선생님이 묻는다. "낮잠 얼마만큼 잘 거야?" 아이가 말했다. "… 5분?" "좋아, 그럼 선생님이 5분 있다 깨워줄게. 토닥거려줄까?" 선생님은 아이의 등을 톡톡 두드린다. 아이는 눈을 감고 스르르 잠이 든다. 5분이 지났는데도 잠을 잔다.

잠이 안 들어도 할 수 없다. 그럴 때는 알림장 쓰는 선생님 곁에 앉아 놀잇감으로 놀게 하면 된다.

자고 일어나면 오후 간식을 먹고 집에 갈 준비를 한다. 걸어서 가는 아이 중 상당수는 놀이터에서 놀다가 저녁 시간이 되어야 원을 나가는 경우가 많다. 흙이 있는 놀이터가 잘 없다 보니 어린이집 놀이터를 좋아한다. 끝까지 놀다 결국 부모 손에 끌려가거나 아예 선생님들과 함께 퇴근하는 아이들도 있다.

이렇게 아이들의 일과가 끝난다.

하루하루가 그렇게 흘러간다. 울음과 웃음이 교차하는 시간 속에서 아이들은 자라고, 선생님은 배운다.

아이가 아침 등원 준비를 하며

"엄마, 내일은 어린이집 쉬는 날이야?"

"오늘이 금요일이니 내일은 어린이집 쉬는 날이야. 왜, 가고 싶어?"

"이유림 선생님이 나 보고 싶어 하겠다."

"하… 그렇겠네."

"최지선 선생님도 나 보고 싶어 하면 어떡하지?"

"그렇네. 그러면 내일 연서는 선생님이 보고 싶어 할까 봐 어린이집 가면 되겠다."

"아니야, 괜찮아. 쉬는 날이니까…."

생태어린이집의
놀이와 배움

우리 아이들에게 어린이집은 놀러 오는 곳이다. 할머니가 하원 길 아이에게 "공부 잘하고 왔어?"라고 물었더니 "아니요, 어린이집은 노는 데예요"라고 했다는 이야기처럼 놀러 오는 곳이다.

놀이가 곧 배움이 되는
자유놀이

놀이가 중심이 된다는 것은 놀기만 하고 학습이 없다는 것과는 다른 의미이다. 구조화되고 분리된 수업시간이 없을 뿐, 통합된 놀이 속에서 끊임없는 배움이 일어나고 있다.

자유놀이로 해오던 소꿉놀이가 자연스럽게 가게놀이로 확장되었다

특히 유아가 자유 의지나 흥미 혹은 요구에 따라 자발적으로 놀이를 선택하는 자유놀이 활동을 통해 아이들은 자신의 선택과 결정에 책임지는 경험을 하면서 자율성을 기른다.

세 살 물오름 교실에는 실물화상기가 있다.

선생님이 OHP 필름을 나누어주고 "그림을 그려서 이거 위에 올려봐"라고 했다. 아이들이 열심히 그림을 그린 다음 실물화상기 위에 올려놓으니 벽에 예쁜 그림이 생겼다. 아이들이 신나서 손뼉을 쳤다.

이때 자연스럽게 함께 나누어준 흰 종이에 그림을 그린 아이가 자신의 그림도 올려놓았다. 그러자 아무것도 안 비쳤다.

"어? 왜 안 나와?" 아이들은 모여 생각했다.

그러고 뭔가를 깨쳤다. "아! 선생님이 투명해야 한다고 했어."

"이건 안 투명한가 봐."

아이가 손가락으로 필름을 가리켰다. "투명?" 그 순간, 아이들은 '투명함'을 알게 되었다. 아이들 스스로 터득한 것이다.

이렇게 선생님과 어른들이 충분한 시간, 충분한 공간, 충분한 신뢰를 주면, 아이는 세상을 자신만의 방식으로 재창조하고, 그 과정에서 함께 성장한다.

이를 위해 우리 어린이집은 생태유아교육과정에 유아는 개정누리과정, 영아는 제4차표준보육과정을 기본으로 삼아 아이들의 하루하루를 채워나가고 있다.

세시풍속과 절기로 알아보는 1년 열두 달

생태유아교육과정은 세시풍속, 산책, 텃밭, 생태미술, 손끝놀이, 먹을거리, 환경교육으로 구성되어 있다. 여기에 특색활동으로는 그림책 통합예술프로그램을 토대로 교육연극, 동시로 첫 읽기, 마주 이야기, 놀이로 알아가는 말과 글, 숲놀이 수학과 과학, 교실 안 직업교육을 한다. 온마음성장교육으로는 모래상자놀이를 한다.

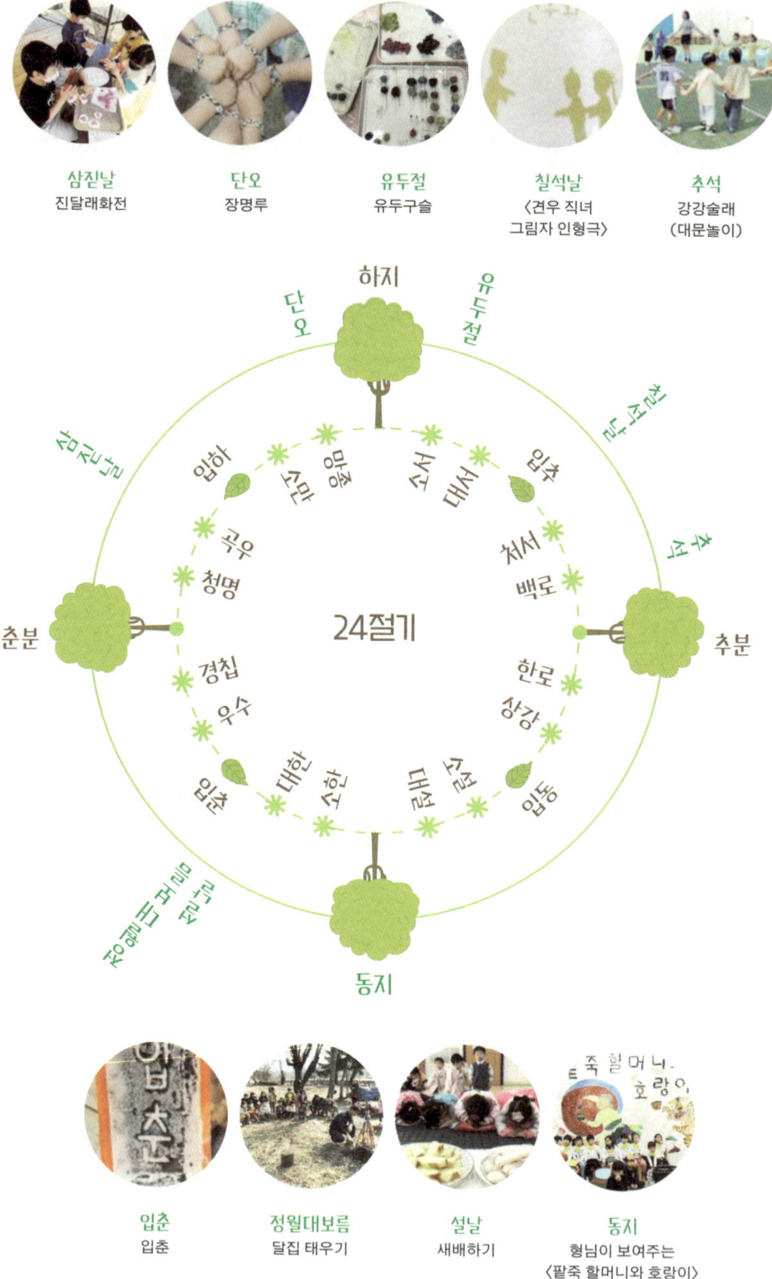

삼짇날
진달래화전

단오
장명루

유두절
유두구슬

칠석날
〈견우 직녀
그림자 인형극〉

추석
강강술래
(대문놀이)

입춘
입춘

정월대보름
달집 태우기

설날
새배하기

동지
형님이 보여주는
〈팥죽 할머니와 호랑이〉

특히 1년을 주기로 계절에 따라 반복되는 세시풍속과 절기 놀이로 아이들에게 우리 겨레의 얼을 느끼게 한다.

설날 새배하기, 정월대보름 달집 태우기를 하고 춘분에는 입춘대길을 써서 붙인다. 또 음력 3월 3일 삼짇날에는 진달래 화전을, 음력 5월 5일 단오날에는 무병장수를 빌고 액운을 막는다는 오방색 장명루 팔찌를 아이들과 함께 만든다. 흐르는 물에 머리 감는 음력 6월 15일 유두절, 견우 직녀 만나는 음력 7월 7일 칠석날뿐 아니라, 추석, 동지에도 그에 알맞은 활동을 한다.

아이들은 놀이로 세상을 알고 학습을 한다.

노는 게 가장 좋아

다섯 살 씨영금 아이들이 놀이에 물이 올라 한참 신나 하는데 선생님이 부른다.

"애들아, 우리 이제 영어선생님 오실 시간이다. 정리하고 들어가자."

열심히 불러보지만 아이들은 대답도 없다.

계속 재촉하자 자기들끼리 하는 말.

"우리 집에 가서 엄마한테 영어 끊어달라 하자."

"그래, 그러자."

시간은 다 되어가고 다시 선생님이 "애들아, 그래도 지금은 그만하고 교실에 들어가야 해"라고 한다.

그런데 아이들이 하는 말.

"우리는 놀고 싶으니까 선생님이 영어 배우세요."

"그러면 되겠다. 선생님 영어 잘하게 되고 좋겠다."

담임교사는 난데없이 영어 단독 과외를 받을 뻔했다.

마당 흙놀이터와
옥상놀이터 이야기

우리 어린이집 안에는 놀이터가 두 곳이 있다. 마당 흙놀이터와 옥상놀이터이다.

마당 흙놀이터는 처음에는 일반적인 놀이터였다. 바닥에는 안전매트가 깔려 있고 플라스틱 조합놀이기구가 있었다. 나는 흙이 있고 나무로 만들어진 진짜 자연놀이터가 몹시 부러웠다. 하지만 사립어린이집 원장이라 비용이 문제인데다 멀쩡한 놀이터를 뽑아버릴 수도 없어 마음만 가득이었다.

부산대학교 유아교육과에서 생태교육을 처음 시작한 임재택 교수님이 부모교육과 교사교육을 위해 우리 원에 오실 때마다 놀이터를 보고 마음에 안 들어 잔소리하시기도 했다.

그러다 어느 해 원장님들 몇 분과 편해문 선생님을 따라 일본에 놀이터를 보러 연수를 갔다. 충격이었다. 그날 이후 나는 놀이터를 다시 보게 되었다.

정말 우리는 그동안 아이들을 안전이라는 이름으로 얼마나 가둬두었던 걸까. 모험이나 위험이 없는 안전한 놀이로 아이가 잘 자라게 할 수 있는 게 맞을까?

돌아와서 처음에는 아쉬운 대로 마당에 흙을 몇 트럭 부어 흙산을 만들었다. 아이들은 그 흙산을 파고 또 파고 물까지 부어가며 온 힘을 다하여 놀았다. 그 모습이 더더욱 내게 변화를 재촉했다.

임재택 교수님 – 생태유아교육 길잡이

생태유아교육을 한다면 임재택 교수님의 영향을 빼놓을 수 없다. 교수님은 부산대학교 유아교육과 명예교수로, 생태유아교육 이론과 실천을 정립한 선구자이다. 1995년 국내 최초로 대학부설 어린이집을 설립하고, 2002년 생태유아공동체와 한국생태유아교육학회를 창립하여 친환경 급식운동과 학술 활동을 이끌었다.

현재는 한국생태유아교육연구소 이사장으로 활동하며, 우리 선조들의 생명 존중 육아 지혜를 오늘의 유아교육 현장에 되살리는 연구를 이어가고 있다. 학회나 모임에서 자주 뵙기도 했지만, 우리 원의 교사교육과 부모교육을 자주 부탁드렸다. 그때마다 교수님은 늘 방향을 명확히 제시해주셨다. 제대로 따라가기만 해도 어긋나지 않으리라는 확신을 주신 분이다.

'우와' 감탄을 자아낸
우와놀이터

마침내 원목 놀이터를 설계·제작하는 권민영 선생님을 만났다. 돈 주고 사 와서 그냥 바닥에 꽂으면 되는 놀이터와 달라서 선생님이 몇 달을 원에서 먹고 자다시피 하며 제작해 완성하였다. 일반 놀이터와는 다른 구조라 검사도 더 오래 걸렸다. 다 만들어놓고도 한 달을 더 소비했다.

아이들은 못 먹는 감을 찔러보듯 지나가며 한 번 만져보고 아쉬워했다. 결국 씨영금 아이들은 제대로 놀아보지도 못하고 졸업을 해야 했다.

드디어 개장을 앞두고 이름을 공모했다. 그런데 완성된 놀이터

마당 놀이터 예전 모습과 지금의 모습

그물 놀이기구에 오르는 아이들

로 나오던 터일굼 아이들이 '우와' 했다고 우와놀이터가 되었다.

'우와!'

우와놀이터에는 원래 설계에 따르면 오르지 않게 되어 있는 곳이 있다. 바로 둥근 미끄럼틀 위쪽과 2층으로 된 그물로 싸인 놀이기구 바깥쪽이다. 그런데 아이들은 자주 그곳에 올라간다. 우리는 말리지 않는다. 하지만 규칙이 있다.

"스스로 안전히 내려올 수 있을 때 올라가야 한다."

몸을 자주, 많이 쓰는 아이들은 본인의 신체 능력을 잘 알기에 '이 정도면 올라갈 수 있어', '이 정도는 못 올라가'라고 파악할 수 있다.

한 아이가 미끄럼틀 위로 올라가려다 중간에 멈췄다. "어? 여기서 못 내려갈 것 같은데…." 그리고 선생님의 도움을 요청했다. 다음 주에 그 아이는 더 낮은 곳에 올라갔다. 그다음 주에는 조금 더 높은 곳으로. 그렇게 아이는 자신의 한계를 알고 단계적으로 조금씩 높이 올라간다.

놀이터 한쪽에는 가정에서 쓰던 낡은 살림살이(냄비, 양동이, 바구니 등)를 모아놓았는데 그 앞에서는 소꿉놀이, 역할놀이를 한다. 흙구덩이를 파서 물길을 내는 놀이도 좋아한다. 선생님이 삽을 들고 땅을 파서는 물길을 만드는 걸 본 뒤 아이들이 더 난리가 났다. 누구는 삽을 가져오라며 재촉하고, 또 누구는 수돗가로 달려가 양동이를 들이민다. 그나마 꽃피움이나 씨영금은 스스로 하기도 하지만…. 역시 생태어린이집 선생님이 되려면 힘이 세야 한다.

도시 한가운데 있는 흙놀이터는 때로 동네 고양이들의 화장실이 되기도 한다. 우리 놀이터는 따로 새벽에 청소하는 분이 계시고 전문 소독업체에 맡겨 수시로 소독을 한다.

인조잔디만 깔아놓은 옥상놀이터

옥상놀이터에는 아무것도 없다. 백 평 정도 되는 공간에 인조잔디만 깔려 있다. 하지만 체육 선생님의 교구 창고가 딸려 있기에 필요할 때마다 그것들을 꺼내 놀 수 있고 밸런스 바이크 역시 몇 대 놓여 있

아무것도 없지만 비가 오면 온몸으로 비를 느낄 수 있다

기에 타고 논다.

　참, 그늘막도 있다. 그늘막은 여름에 톡톡히 제 몫을 한다. 비가 오거나 눈이 올 때도 마찬가지이다. 우와놀이터 살림살이들을 들고 올라가서 그늘막 사이로 떨어지는 비를 받는 놀이를 하는데 아이들은 소리가 다 다르다고 한다.

　인조잔디가 빗물을 머금은 상태에서 우비를 챙겨 입고 첨벙거리며 돌아다니게도 하는데 그러면 이제까지 했던 놀이가 다 시시해진다는 듯 아이들은 한시도 웃음을 멈추지 않는다. 이런 날 알림장에는 하원할 때 신을 신발을 준비해달라는 내용이 뜬다. 신발을 들고 오는 부모의 얼굴에도 '오늘은 도대체 얼마나 재미있게 놀았으려나' 하는 기대와 함께 웃음이 떠올라 있다.

몸도 마음도 영혼도 건강하기

세 살 때부터 우리 어린이집에 와서 일곱 살(만 5세)이 된 서영이. 엄마를 닮은 뽀얀 피부에(우리 원에서 뽀얗기는 참 어려운 일이다) 늘 쾌청한 하늘 같은 얼굴로, 노는 데 진심인 아이이다.

어느 날, 손등에 상처가 나서 선생님 따라 교무실 와서 보여주길래 다들 걱정스러운 얼굴로 "혹시 모르니 병원 가보자" 하는데, 정작 당사자는 아주 태평스럽게 말한다.

"이 정도는 병원 안 가도 돼요. 전에 집에서 다쳤을 때도 이 정도는 병원 안 갔어요."

모두 빵 터져서 한참을 웃었다. 연락받은 엄마도 "그럼 괜찮아요" 한다. 잘 놀고 잘 먹고 잘 자는 아이들은 몸도 마음도 영혼도 건강하다.

움사랑 아이들은
자연으로 나간다

건물들 한가운데 자리 잡은 움사랑은 흙놀이터와 상자텃밭에서부터 자연을 접하기 시작한다. 풀 한 포기, 바람 한 줄기, 맨발에 닿는 흙의 감각이 몸과 마음을 깨우는 교실이 된다. 또 터일굼(만 1세)과 싹틔움(만 2세)은 주 1회, 형님반(만 3~5세)은 주 1~2회 숲과 공원으로 나간다.

이렇게 우리 어린이집 아이들은 들과 산에서 자란다. 교실에 있으면 놀잇감을 누가 먼저 차지할지를 다투지만, 자연 속에서는 그런 걱정도 없다. 천지가 놀잇감이고, 어디를 가든 궁금한 것들로 가득하다.

뛰어다녀도 책상에 부딪힐까 걱정하지 않아도 되고, 안전을 위해 억지로 줄을 설 필요도 없다. 그렇게 자란 아이들은 당당하다. 작은 일에 주눅 들지 않고 의사를 분명히 표현한다. 자연이 그렇게 키

가을에 숲에 데려가면 아이들은 낙엽을 모아 스스로 놀이를 만든다

워준 것이다.

옻골동산, 운암지, 서리지, 동명저수지, 팔공산 숲… 가까운 곳만 나가도 계절이 또렷하게 느껴진다. 그곳에서도 특별한 활동을 하지는 않는다. 아이들이 선택한다. 돌멩이를 줍고 나뭇가지로 집을 만들고 바위를 올라간다. 봄에는 냉이를 뜯고, 여름에는 물속 벌레를 관찰하고, 가을에는 낙엽을 모아 논다. 겨울에는 얼음을 깨며 그 속의 무늬와 소리를 보고 듣는다. 아이들은 자연에서의 시간 동안 모든 것을 스스로 선택한다.

아이는 자연 속에서
배운다

나들이가 많다더라, 활동량이 많은 아이에게 잘 맞다더라, 다치는 거 아니냐, 집중력이 떨어지는 거 아니냐, 산만해져서 초등학교 가서 적응을 못 할 거다, 학습을 따라가겠냐….

그런 말들을 자주 듣는다. 그러나 나들이가 많은 것은 '활동 중심의 교육'이라기보다는 도시에서 살아 있는 자연을 만나게 하는 것이다. 활동량이 많은 아이든, 혼자 노는 아이든 자연 속에서 친구와 놀며 세상을 익힌다. 바위를 오르고 나무를 타는 아이가 있는가 하면, 도감을 들고 곤충을 따라다니는 아이도 있다. 각자 자기만의 방식으로 세상을 배운다.

못 놀아본 아이들이 자주 다친다. 놀아본 아이는 자기 몸을 다룰 줄 안다. 활동을 많이 해서 산만한 것이 아니라, 몸이 원하는 만큼 놀지 못해서 집중력이 떨어지고 산만해지는 것이다. 우리 아이들을 보면 안다. 교실에서보다는 숲에서의 몰입도가 훨씬 높다. 이것은 아이의 기질 때문이 아니라, 환경이 아이를 사로잡기 때문이다.

물론 다치기도 한다. 무릎을 긁히기도 하고, 팔을 삐끗하기도 한다. 하지만 이 모든 것이 배움이다. 숲에서 넘어지는 것은 아이의 신체감각을 길러준다. 나뭇가지를 피해서 가는 것은 공간감각을 익혀준다. 모든 다침이 나쁜 게 아니라, 그 과정에서 아이가 무엇을 배우는가가 중요하다.

아이는 자연 속에서 친구와 놀며 세상을 익힌다

유아기 두뇌는 온몸으로 학습하도록 설계되어 있다

만지고, 뛰고, 기다리고, 해보는 경험이 인지와 정서를 통합한다. 그런 면에서 자연은 최고의 교실이다. 억지로 집중시키지 않아도, 아이는 스스로 집중한다. 자연은 아이에게 경이로움을 느끼게 한다.

프랑스 교육학자 카트린 레퀴예는《경이감을 느끼는 아이로 키우기》에서 "아이들이 경이감을 느끼는 첫 번째 창문은 바로 자연이다"라고 말했다. 자연은 아이에게 기다림을 가르친다. 토마토 씨앗을 심고 열매 맺기를 기다리는 동안, 아이는 눈에 보이지 않지만 시간이 흐름을 경험하며 토마토가 맺히면 '내가 해냈다'라는 뿌듯함을 몸으로 배운다. 햇살, 빗방울, 풀잎 위의 물방울 같은 사소함은 아이의 감각을 일깨운다.

억지로 붙들어 가르치지 않아도 아이는 알아서 배운다. 교실에서 숫자와 글자를 반복하는 시간보다, 숲에서 흙을 밟고 풀벌레를 관찰하며 보낸 1시간이 훨씬 깊은 배움을 만든다. 이러한 경험은 자기효능감self-efficacy으로 이어진다. "나는 할 수 있다"라는 신뢰가 아이 안에 쌓이는 것이다.

자연 속에서 자란 아이들은
자신을 조절할 줄 안다

놀아본 아이는 몸의 한계를 알고 규칙을 안다. 자기조절력self-regulation은 "참아"라는 말로 길러지지 않는다. 자연은 스스로 위험을 감지하고 조절할 수 있는 구조를 제공한다. 사방이 놀잇감이고, 친구와 협력해야 놀이가 완성된다. 스스로 선택하고 책임지며 감정을 조절하고, 또래와 타협하고 합의하면서 관계맺기를 경험한다. 교실에서도 가능하지만 인위적인데 반해 자연은 그 자체로 리듬과 경계를 품은 자연스러운 교실이다.

결국, 몸과 감정과 관계를 스스로 다뤄보는 경험이 많을수록 아이 안의 질서, 곧 자기조절력은 더욱 자란다. 흙을 밟던 리듬으로 정리하고, 친구와 대화하고, 기다린다. '가만히 있는 법'을 가르치지 않아도 스스로 집중한다. 자연에서 배운 질서가 아이의 일상으로 스며드는 것이다.

경이감을 느끼는 아이로 자라길

자연은 아이에게 기다림을 가르치고 인내를 길러주며, 아름다운 것은 시간이 필요하다는 사실을 알려준다. 우리가 아이들을 자연으로 이끄는 까닭도 그 때문이다.

아이들은 햇살이 비칠 때 그림자를 밟으며 걷고, 비가 오면 흙길을 걸으며 흙냄새를 맡는다. 풀잎 위 물방울, 벌레의 날갯짓, 새소리 하나에도 멈춰 서서 세상을 바라본다.

그 모든 것이 경이롭다.

자연은 억지로 집중하게 하지 않는다. 기다림과 집중, 관찰과 배려를 동시에 가르친다.

그렇게 자연에서 놀고 배우는 시간이 쌓여, 아이는 스스로의 질서와 조절력을 익힌다. 몸을 쓰고, 마음을 움직이며, 관계를 맺는 과정에서 아이의 배움은 자란다.

그래서 우리는 아이들이 자연에서 경이로움을 잃지 않기를 바란다. 그런 아이가 세상과 자신을 사랑할 줄 알게 되기 때문이다. 자연에서 몸으로 배우는 아이들은 교실에서도 다르다.

세상과 다른 길을 가며
우리가 지키는 것

생태유아교육을 하며 가장 걱정하던 부분은 놀이 중심 교육을 부모들이 받아들일 수 있을까 하는 점이었다. 어린 반은 '잘 먹이고 잘 논다'는 것만으로도 부모를 설득할 수 있지만 네 살, 다섯 살이 되면 이야기가 달라진다.

"초등학교에 한글도 수학도 모른 채 간다고요?"

우리 어린이집 아이들은 매일 영어 특강을 받는 것도 아니고, 한자 급수 시험도 치르지 않는다. 심지어 날마다 산책하고 바깥놀이를 하기에 땟국물이 흐르고, 가르마까지 햇볕에 타 촌스러운 옛날 아이들처럼 보인다. 그런 아이들의 외양을 봐야 하는 부모들을 어떻게 설득해야 할지가 걱정이었다.

그럼에도 아이를 아이답게 키우기로 했고 때와 결을 존중하는 교육을 하기로 한 우리는 가던 길을 계속 가고 있다. 처음에는 영아반의 비율이 월등히 높았고 상당수 아이가 세 살 혹은 네 살이 되면 일반기관으로 옮겨갔다. 지금도 비슷한 상황이지만, 포기하지 않고 우리만의 방식으로 아이들을 키웠다.

필요한 것을
자연스럽게 익히는 교육

언어는 듣고 말하고 읽고 쓰기의 순서로 학습해야 한다. 상대의 말을 잘 듣게 되어야 자기 생각도 잘 말할 수 있기 때문이다. 또 흥미가 생길 때쯤(보통 네 살 후반에서 다섯 살 때) 읽기를 배우고 손가락 힘이 충분히 세져서 바른 자세로 연필을 쥘 수 있을 때 쓰기를 시작해야 한다.

우리 어린이집은 이 과정을 자연스럽게 따라가도록 한다. 먼저 각 잡고 한글 수업을 하는 대신 선생님이 읽어주는 그림책을 듣게 한다. 또 교구장 한쪽에 흥미를 느낄 수 있도록 한글 관련 교재나 교구를 배치해 그림책에 흥미를 느낀 아이가 스스로 책장에 있는 그림책을 뽑아보도록 했다.

그다음 아이가 한 말을 글로 옮겨 교사와 부모가 주고받는 '마주 이야기' 노트를 통해 말이 글이 되는 신비한 경험을 하도록 만든다. 교실 게시판이나 자유놀이 시간에 사용하는 메뉴판, 각종 안내판을 만들며 그 상황에 필요한 글자를 자연스럽게 알게도 한다.

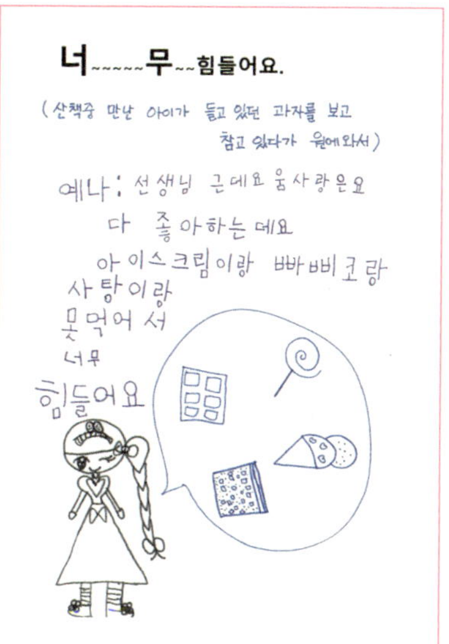

자기가 한 말이 글이 되는 신비한 마주 이야기

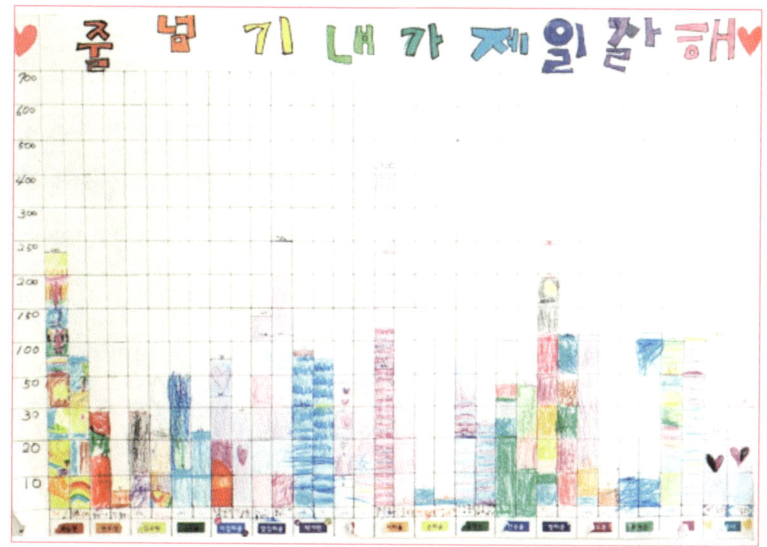

줄넘기 놀이를 통해 자연스럽게 숫자를 익힌다

우리 까막눈들은 글자를 몰랐을 때는 그림을 먼저 보고 스스로 이야기를 만들었다. 그러다가 차츰 필요한 글자를 하나씩 알아냈다. 정해진 대로 하지 않았지만 길을 잘 찾아냈다.

숫자도 마찬가지이다. 줄넘기 학원을 다니지 않았으나 줄넘기 놀이를 하면서 천 개도 거뜬히 뛸 수 있게 된 아이들은 그 과정에서 숫자를 1,000까지 세게 되었다. 아직 시장놀이를 할 때 1,000원을 받고 10,000원을 내주기도 하지만 줄넘기 숫자는 세야 하는 관계로 1,000까지 아는 것이다.

호기심을 느끼면
배움이 된다

아이들은 통합된 하루 일과 속에서 호기심을 느끼면 궁금해하며 찾아보거나 알아보고, 이를 통해 자연히 터득한 지식을 친구들에게 알려준다. 우리는 이를 참여수업이나 전문 강사의 부모교육, 그림책 책놀이터, 온 가족 노는 날 등의 다양한 활동으로 부모를 원으로 들어오게 해 눈으로 보고 느끼도록 해왔다. 상당수 부모는 이미 우리 원이 그런 곳인 것을 알고 입학을 했기 때문에 설득의 효과가 높았고 적극적으로 도와주고 함께해왔다.

그런데 안타깝게도 코로나19 이후로 상황이 우리의 예상과는 조금 다르게 나타났다. 코로나19로 인해 모든 것이 멈추었을 때 이로 인해 생태교육의 필요성이 더 강화되리라는 기대를 했는데 오히려 퇴보하고 디지털 교육만 더욱 강화된 것이다. 자연에서 면역력을 키워야 한다는 생각보다는 자연은 잘못 접하면 안 되는 대상으로 여겨졌기 때문이다. 이로 인해 아이들을 자연에서 떨어지게 했으며 자연은 그저 어쩌다 하는 체험장의 역할을 하는 것으로 전락했다. TV에 나오는 아이들 역시 자연에서 뛰어놀기보다 원어민처럼 영어를 사용하고, 온갖 예체능 과외를 섭렵하는 모습이 많아졌다.

그럼에도 포기하지 않는 까닭

우리는 선택해야 했다. 세상의 흐름을 따를 것인가? 아이들의 웃음을 따를 것인가? 우리는 아이들을 선택했다. 다시 숲으로 나갔다. 예전처럼, 코로나19 전처럼.

미세먼지, 황사, 눈, 비, 감기, 부모의 불안 등을 핑계로 줄어든 나들이를 예전보다 더 늘려 들로 산으로 나들이를 다니며 자연으로 들어가기로 했다. 교실 안에서는 사소한 규칙의 테두리는 넓히고, 생각하고 창의적인 활동으로 아이가 스스로 원하는 놀이가 중심이 되도록 하였다. 제대로 놀며 배우기로 한 것이다.

또 다양한 이야기와 아름다운 그림은 아이들의 창의력을 자극하고 자신만의 새로운 아이디어를 떠올리게 하기에 그림책 속 다양한 세상과 인물들을 만나게 했다. 이를 통해 AI 시대 기계가 할 수 없는 인간 고유의 능력, 즉 '창의적인 사고', '공감 능력', '문제 해결 능력', '깊이 있는 소통 능력'을 키우려 한 것이다. 그림책을 읽고 아이들 스스로 이야기를 만들고, 역할극을 펼치고, 그림을 그리게 했다. 이렇게 자신만의 방식으로 세상을 표현하는 과정에서 틀에 박히지 않은 사고력이 길러졌다.

물론 부모의 요구를 완전히 외면할 수는 없다. 그래서 우리는 한글과 수를 가르치되, 가능한 한 '우리답게' 풀어가려 노력하고 있다.

"이 시기 아이들에게 놀이는 학습과 대립하는 과정이 아니라, 그 자체가 학습입니다. 호기심을 해소하는 과정이자, 놀이로 학습의 첫발을 떼지 못하면 그 학습 능력은 곧 내적 동기를 잃게 됩니다."
—《하늘에서 온 글, 한글》 중에서

《하늘에서 온 글, 한글》(박규현 외, 2017)은 훈민정음의 창제 원리를 바탕으로, 아이들이 이야기·노래·몸놀이를 통해 글자와 소리를 자연스럽게 익히는 과정을 제시한다.

이 책의 관점은 우리 어린이집이 추구하는 '놀이 속 배움'과 맞닿아 있다. 한글을 배우는 일도 놀이와 감각의 연장선 위에 있어야 한다. 아이들이 몸으로 말하고, 이야기를 듣고, 상상하며, 그 속에서 자연스럽게 글자와 소리를 연결할 때 배움은 억지로 외워 넣는 지식이 아니라 삶 속에서 스며드는 경험이 된다.

한글이나 수를 가르친다고 해서 내일 갑자기 우리 어린이집의 원아가 늘어나지는 않을 것이며 영어를 강화하고 발레를 한다고 나아지지도 않을 것이라는 생각도 늘 잊지 않는다.

생태어린이집을 시작하면서 지키고자 했던 가치와 변화하는 사회 분위기, 부모들의 요구 사이에서 흔들리는 일도 있지만 지혜로운 판단을 하려 항상 고민하고 있다. 사립이라는 한계를 인정하고, 함께 갈 방법을 찾아본다.

고민이 생길 때마다 '잘 먹고 잘 놀고 잘 자고 잘 누는' 진짜 아이로 키우겠다는 본질로 늘 돌아가서 지금 이 자리에서 할 수 있는 최선을 찾는다. 그것이 우리가 지켜온 길이고, 내가 계속 서 있으려는 자리이다.

사랑하는 움사랑 부모님들께

어릴 적 저는 동네 골목 사이사이에서 언니 오빠들과 술래잡기, 무궁화꽃이 피었습니다, 잡기놀이를 하며 해가 질 때까지 놀았습니다. 학교를 가서도 쉬는 시간마다 공기놀이, 구슬치기, 고무줄놀이를 했지요.

놀이에는 모두 규칙이 있어서, 어떤 놀이는 제가 잘했지만 어떤 놀이에서는 늘 술래가 되기도 했습니다. 그래도 괜찮았습니다. 져서 '죽는다'라고 표현해도 내 편의 누군가가 이겨서 구해주는 재미가 있었거든요.

그리고 '깍두기'도 있었습니다. 어린 동생이 있거나, 운동신경이 약한 친구가 있을 때, 짝이 안 맞을 때, 빼는 대신 깍두기로 만들어 이 편도 저 편도 되게 해주었지요.

모든 놀이마다 우리는 가슴이 터져나갈 만큼 치열하게 놀았습니다. 세상의 규칙에 순응하기도 하고, 난관을 헤쳐 나가기도 하며, 그 속에서 편을 나누고 친구를 만들었습니다. 약한 친구는 끝까지 함께하도록 도왔고, 너무 잘하는 친구는 공평하게 번갈아가면서 편을 하도록 해 승리의 기회를 나누었습니다.

그 놀이 속 어디에도 '졌다고 두 번 다시 끼지 못하게 하거나, 약하다고 따돌리는 일'은 없었습니다. 그것이 진짜 아이들의 놀이였습니다.

우리 아이들도 그렇게 놀며 세상을 살아가는 지혜를 배우고 자라기를 바랍니다. 성인이 되어 힘들어도 포기하지 않고 자신을 사랑하며, 타인을 배려할 줄 알고, 삶의 즐거움을 누릴 줄 아는 행복한 사람이 되기를 바랍니다.

움사랑에서 친구와 함께하는 놀이는 아이들이 안전하며 다양한 환경 속에서, 몸과 마음과 영혼이 함께 자라도록 돕는 활동입니다.

움사랑을 선택하셨을 때 이미 우리 원의 가치를 믿어주었겠지요. 오늘도 함께 아이들의 하루를 지켜봐 주세요.

02

때에 맞춰 자라는 움사랑 반 구성

우리 어린이집 반 이름은《행복한 작은 학교 365일간의 기록》(이길로, 2009)에서 1학년부터 6학년까지 학년 이름으로 쓴 말을 뜻이 좋아서 허락도 없이 빌려왔다. 해가 떠오르면 터를 일구고 싹을 틔우면 물이 오르고 꽃이 피고 씨가 영근다는 의미를 담은 것이다. 항상 고맙게 생각하고 있다.

　　해오름: 세상에서 가장 예쁜 막내
　　터일굼: 무서운 게 없는 안하무인 한 살
　　싹틔움: 세상천지 잘난 두 살
　　물오름: 힘은 세졌는데 여전히 귀는 닫힌 대략난감 세 살
　　꽃피움: 아는 듯 모르는 듯 네 살
　　씨영금: 힘도 세지고 지혜도 자라고 용기도 자라 열매 맺은
　　　　　　용감무쌍 다섯 살

　　반을 나누는 기준은 1월 1일부터 12월 31일까지이다(만 나이로 표기). 한 반에 1월생부터 12월생까지 모여 있다 보니 길면 1년이 차이 나는 경우도 있어 아이들마다 조금은 다른 속도로 자란다는 걸 고려하고 읽으면 좋겠다.

해오름:
세상에서 가장 예쁜 막내반

해오름은 12개월 미만의 기저귀 차고 처음 어린이집에 오는 막내들이다. 가장 예쁜 막내라 어린이집의 모든 사람이 작은 행동 하나에도 격려하고 환호한다.

발걸음만 떼기 시작해도 교사들 모두에게 소문이 나고 눈맞춤을 하고 손만 흔들어도 최고로 친절한 아기가 된다. 비록 옹알이이지만 친구들과 대화도 나누고 교사와 까꿍놀이를 하며 발달의 중요한 과업을 하나하나 이루어내는 중이다.

해오름반 아이들은 처음 어린이집에 올 때 보통 엄마나 아빠(혹은 할머니, 할아버지 등)가 함께 등원해서 잠깐 같이 놀다 간다. 그렇게 2~3일을 보내면 이번에는 어린이집에 데려왔던 양육자가 밖에서 또 며칠 아이 모습을 몰래 살피며 기다렸다가 데려간다. 그렇게 차츰 시

아직 말은 잘 못 해도 어울려서 잘 논다

간을 늘려가며 적응한다. 이내 아이는 교사 품에 안겨 교실로 들어가고, 어느 날부터인가는 부모가 안 보여도 별다른 투정 없이 놀이를 한다. 이때 부모 마음에 살짝 서운함이 피어나기도 한다고들 말한다.

조금씩 익숙해지면 해오름반 아이도 하루를 온전히 어린이집에서 보내기 시작한다. 오전에 간식으로 죽 한 그릇을 먹고 나면 교사와 함께 엉덩이를 들썩이며 춤추고 노래하고 오감놀이를 하며 세상의 많은 감각을 경험한다.

아직 걸음마가 안 되는 아이는 등에 업고, 뒤뚱거리는 아이들은 손을 잡고 산책도 나간다. 놀이터에서 흙놀이를 하는 형님들 사이에 끼어들기도 하고, 옥상놀이터에 올라가 놀기도 한다.

바깥과 친해지면 조금 동네 멀리로도 산책을 나간다. 돌아오면 손 씻고 기저귀 갈고, 온 옷에 묻혀가며 밥을 먹고 낮잠을 잔다.

2학기쯤 다음 달 나들이 계획을 준비할 때, 해오름반 교사들은 터일굼반의 일정을 살피기 시작한다. 나들이 가는 버스에 얹혀가려는 계획이다. 많이 자라서 같이 갈 수 있다고 하는데 어느새 우리 어린이집의 노란 버스에 탄 걸 보면 성공한 모양이다. 한 번 이렇게 나갔다 오고 나면 우리 어린이집 노란 버스만 보면 올라타려고 든다.

아기반이다 보니 생태어린이집이라고 특별할 건 별로 없다. 이 시기의 최대 목표는 안정적인 애착 형성이다. 세상과 첫 관계를 맺는 시간이니, 안전하고 즐겁게 지내는 것이 전부이다.

가끔 오후에 교실에 올라가보면 정규 일과를 마친 형님반 교사가 놀러 와 있다. 해오름 꼬맹이들이 얼마나 자랐는지 궁금하고 한 번이라도 더 안아보고 싶어 찾아온 것이다. 이렇게 하루에 한 번 해오름반 아이를 안아보고 가면 그날의 피로가 다 풀린다고 한다.

어린이집 교사라 다행이다. 부모도 아닌데, 어디 가서 이렇게 예쁜 아기를 매일 만나겠는가.

터일굼:
세상 무서울 게 없는 안하무인 한 살

터일굼반은 24개월 미만으로 보통 대부분의 아이들이 어린이집 첫 등원을 이때쯤 한다. 예전에 비해 어린이집에 오는 시기가 점점 빨라지고 있는 것이다.

이 시기의 발달 속도는 놀라울 정도로 빠르다. 놀이에 의미가 생기고, 호기심이 폭발하며, 신체도 하루가 다르게 성장한다. 문장으로 대화할 날도 머지않았다.

세상 무서울 게 없는 안하무인, 하룻강아지라 떼쓰기와 고집 부리기도 심해지지만 잘 지켜보면 다 까닭이 있나. 해오름반 아이들과 비슷한 적응 과정을 거치지만, 입학 시기가 분리불안의 시기와 겹치는 경우가 많아 3월의 터일굼반 교실은 누군가의 이야기처럼 통곡의 바다가 되는 경우가 많다.

출입문 틈으로 내다보며 엄마 아빠를 외쳐 부르기도 하고 문이 열리면 바로 교실 밖으로 뛰쳐나가기를 시도한다. 그래도 다행히 시간은 가고 아이들은 자라고 적응도 한다.

적응을 마치면 일과가 일정해지기 시작한다. 아침 등원 후 하는 자유놀이도 점점 즐거워지고 친구들이 하나둘씩 등원할 때마다 누가 왔는지 서로 알려주며 친구 엄마에게 손도 흔들어준다.

자기 가방에서 물통도 꺼내려 애쓰고 새로 바뀐 숟가락, 젓가락 자랑도 한다. 이제 노는 맛도 알게 되었고 자기 몸을 움직이는 즐거움을 터득한 아이들은 잠시도 가만히 있지 않는다.

바깥놀이를 약속한 시각이 되면 교실 문을 두드리며 어서 나가자고 조른다. 놀이터에 나가면 모두 곳곳으로 흩어지는데 놀이터 저 꼭대기를 올라야 하는 용감한 아이, 낮은 그물 밑을 기어이 파고 들어가 구석진 곳에서 노는 아이, 집에서 안 쓰는 냄비랑 살림살이를 모아놓은 곳 앞에 가서 밥을 짓는 아이들도 있다.

제각각 다른 모습으로 재미나게 노는 아이들을 교실로 들여보내려면 교사들은 갖은 노력을 해야 한다. 모아놓으면 어느새 하나가 빠져나가 미끄럼틀 위에 있고, 쫓아가 데려오면 다시 다른 아이가 그물 밑으로 들어가 있다.

기어코 다 데려오면 이제는 안 들어가려고 큰 소리로 "안 가, 안 가"라고 소리 지르며 화를 낸다. 결국 도와주는 교사들이 쫓아 나와 한 아이씩 안고 들어가야만 최종 정리가 된다.

점심을 먹고 나면 낮잠을 자야 하는데 이 모습도 다 다르다. 밥

노는 맛을 알게 된 터일굼반 아이들

먹다 말고 귀퉁이에 누워 잠들어버리는 아이가 있는가 하면 버티고 놀다 먼저 잠든 아이가 일어날 때쯤 잠이 드는 아이도 있다. 토닥여 줘야 하는 아이가 있는가 하면 귀찮다고 밀어내고 혼자 잠드는 아이도 있다.

이 시기의 아이들은 아직은 나밖에 모르는 안하무인이라 달래도 소용없고 하고 싶은 대로 한다. 하지만 그래서 더 예쁘다.

조금 더 자라면 가까운 곳으로 나들이도 시작하는데 한 번 다녀오면 다음 나들이에 대한 기대가 커져 노란 버스만 보면 신나 한다. 가을쯤 되면 들로 산으로 쏘다니는 일에 능숙해지면서 어디서든 잘 논다.

이제 놀다가 교실로 들어가는 데도 화를 내지 않기 시작한다. 내일 또 놀 수 있다는 걸 알아챘고 교실 안에도 재미난 일이 있다는 걸 알 만큼 자랐기 때문이다.

싹틔움:
세상천지 잘난 두 살, 다 할 수 있어

두 살은 세상에서 가장 '잘난' 시기이다. 대근육이 발달해 계단을 막 오르내리고, 사방천지 뛰어다니며 세상을 알아간다. 비록 삐뚤삐뚤한 동그라미, 기어가는 지렁이 그림이지만 이제는 '의미 있는 그림'을 그리기 시작한다. 그래서 교실 벽이 낙서로 뒤덮이기도 한다.

상상놀이도 활짝 열렸다. 어린이집에서는 엄마 아빠가 되어 전화기로 알 수 없는 통화를 하고, 집에서는 선생님이 되어 인형들을 낮잠 재운다. 신발은 신겨주면 안 되고, 길을 걸을 때 손을 잡으면 화를 낸다.

"내가 할 거야!" 이 말이 하루에도 몇 번씩 터져나온다.

3월은 여전히 '적응의 계절'이다.

한 살 더 먹은 만큼 울음소리도 크다. 이제는 단순히 "엄마!"가

싹틔움반 아이들은 어린이집에 빨리 적응해 잘 논다

아니라 "살려주세요!"라고 외치는 아이도 있다. 그래도 동생들보다 빨리 적응해 잘 논다. 대부분 재원생이거나, 다른 어린이집을 다니다 온 아이들이 많기 때문이다.

이제 제법 자유놀이도 짜임새 있게 한다. 아직은 미숙하지만 친구에게 같이 놀자고 요청하거나 친구의 놀이에 참여하는 기술도 많이 늘었다. 여전히 갈등이 있을 때 몸으로 이야기하지만 한 살 터 일굼반에 있을 때보다는 원만하게 합의를 본다.

메고 온 가방에서 물통과 수건도 스스로 꺼내어 제자리에 두고 아침을 시작한다. 서로 안부도 묻는다. 아침, 이야기 나누기 시간이 되면 어제 집에서 설거지 당번은 누구였는지, 목욕은 누구랑 하는지, 엄마 아빠의 직업은 무엇인지를 속속들이 말한다. 이제 각 가정의 비밀은 없다.

놀이터에서도 활력이 넘친다. 형님반을 따라 흙을 파서 그 안에 들어가고, 구덩이에 물을 부어 첨벙거리며 논다. 손놀림이 능숙해져 냄비에 흙을 담고 찰지게 흔들어 커피를 타기도 한다. 지나가다 보면 "커피 드세요!" 하고 부른다. 고맙다고 인사하지 않으면 바로 혼난다. "고맙다고 해야지요!" 싹틔움반 아이들은 예의 지키기에도 철저하다.

좋아하는 친구도 생긴다. 하원 길에 아쉬워하며 작별의 말을 나누고 손을 흔든다. "나 이제 집에 간다. 보고 싶으면 전화해." "알았어. 너도 나 보고 싶으면 전화해." 그런데 전화번호는 아직 교환한 적이 없다.

혼자 놀기 좋아하는 아이는 여전히 혼자 논다. 아직 함께하는 놀이를 할 만큼 발달하지 않아 단독놀이 중인 아이도 있고, 기질상 혼자만의 시간이 필요한 아이도 있다.

형님반에 손님으로 불려 가본 경험이 있는 세 살 물오름반 아이들이 형님 노릇이 하고 싶을 때 싹틔움반 동생을 초대한다. 뽀글뽀글 싹둑 미용사가 되어 머리를 말고 잘라주는 언니의 손길도 잘 참고 기다려주고 형님 극단의 정기 공연도 점잖게 관람해서 단골손님이 되기도 한다. 학기 말에는 자기들도 공연을 준비해서 형님반과 친구들을 초대한다.

나들이도 잘 다닌다. 버스에서 안전띠를 매고 점잖게 기다릴 줄도 알고 도착해서는 줄을 서서 이동하고 선생님의 "놀자!" 소리에 순간 각자 흩어져 재미난 놀이를 시작한다.

정말 잘도 뛴다. 저러고도 밤에 일찍 잠들지 않는다는 게 놀라울 뿐이다.

단체 사진 찍기란 거의 불가능하다. 온갖 방법을 동원해 시선을 모아보지만 한 번에 앞을 보거나 웃어주는 일이란 있을 수 없다. 어쩔 수 없다. 뒷모습이라도 찍어야지.

1. 아이들의 일상 세계

'살려주세요'의 주인공

싹틔움 1반의 신모 군이 저를 싫어합니다.

제가 교실에 들어가면 얼른 "안녕히 가세요"라고 인사를 하고는 얼굴을 돌립니다. 그러고는 "가세요"라고 합니다.

이 예의 바른 어린이가 적응한다고 "살려주세요" 하며 울먹이는 동안 제가 왔다 갔다 하면서도 도와주지 않은 걸 기억하고 싫어하기로 작정한 듯합니다.

어느 정도 적응이 끝나고 안정이 된 듯 보이면 사이좋게 지낼 수 있도록 노력해보려 합니다. 그때쯤 조용히 물어봐야지요.

"태하야, 원장선생님 왜 자꾸 가라 했는데?"

물오름:
힘과 고집이 세지는 대략난감 세 살

48개월 미만, 세 살 물오름반 아이들은 힘도 세지고 몸도 날래진다. 이제는 뛰다가 멈추고, 속도와 높이를 조절할 수 있다. 문장 사용도 유창해져 부정적 표현을 쓰거나 끊임없이 묻기도 한다. 자기주장이 강해지고, 사랑받고 싶고, 인정받고 싶은 욕구도 커진다. 주의집중은 아직 짧고, 가상과 현실의 구분도 명확하지 않다.

사회성이 발달하면서 친구들과 어울리지만, 곧 갈등이 생긴다. "누가 나하고 안 놀아요." "누구하고만 놀 거예요."

이런 사회관계의 문제가 하루에도 몇 번씩 생긴다.

혼자 노는 아이가 자연스럽게 친구 놀이에 끼도록 도와주고, 한 친구를 독점하려는 아이에게는 함께 노는 방법을 알려주며 "조금만 기다려줘"라고 말할 수 있는 기술을 가르치는 게 교사의 몫이다.

움직임이 훨씬 정교해져서 다양한 놀이가 가능하다

이는 1년 내내 물오름반 교실의 단골 주제가 된다.

봄부터 겨울까지 햇볕 쬐고 바람맞으며, 맨발로 땅을 밟고 비를 맞으며 온몸으로 자연에서 자란 아이들은 영아기를 벗어나며 몸의 움직임도 훨씬 정교해진다.

물오름반 아이들은 네 살 꽃피움이 되고 싶어 하고 다섯 살 씨영금만큼 형님이 되고 싶어 한다. 형님반이 축구 대회에서 우승해 아이스크림을 먹었다는 소식을 듣고 갑자기 장래 희망이 축구선수가 되어버리기도 한다.

이때부터 유치원 입학을 하는 나이여서 그런지 학부모들의 인지 학습 요구가 커진다. 정부 지원보다 내 책임이 더 큰 민간 어린이집을 운영하다 보니 나도 흔들린다. 하지만 아직은 때가 아니다. 아직은 오감을 써서 눈으로 보고, 귀로 듣고, 코로 냄새 맡고, 입으로 말하고, 몸으로 느낄 때이다.

조금만 더 놀며 배우도록 하자. 지금 빨리 시작한다고 일찍 도착하는 100미터 달리기가 아니다. 천천히 채워가며 잘 키워보자.

물오름반 나들이를 따라 나섰다가

1. 체험실 선생님이 말한다.

   "이건 아기들이라 못 하겠다."

   "우리 아기 아닌데요." "다섯 살인데요."

   맞아, 다섯 살(만 세 살)이나 먹었지요.

2. 머리를 풀어놓은 자기 반 선생님을 보고 말한다.

   "선생님, 머리 왜 안 짬맸어요?"

   '짬매다'는 '묶다'의 사투리 버전입니다.

3. 나들이인 줄 모르고 원피스 입고 출근했다 따라 나섰다.

   "원장선생님, 왜 치마 입었어요?"

   "와, 반칙이다, 반칙." "우리는 다 바지 입었는데."

   나는 물오름반도 아닌데. 나는 그냥 따라온 건데.

꽃피움:
아는 듯 모르는 듯 네 살

60개월 미만의 네 살 꽃피움반 아이들은 못 할 것 같은 것도 이제 다 해낸다. 정교하지 못할 뿐이다. 정확하지는 않지만 계산도 점점 빨라진다. 읽고 쓰기에 관심을 두기 시작해서 한글 공부를 아예 하지 않은 아이도 이름 정도는 읽고 쓸 수 있다.

혼자 할 수 있는 일들도 많아진다. 선생님이 확인하지 않아도 자신의 물건을 챙길 수 있다. 숲에 가면 곤충과 풀을 관찰하는 것을 좋아해서 도감을 들고 가는 아이도 있다.

사회관계 기술도 많이 늘어서 이제 뒷담화와 중상모략도 한다. 집에 가서는 선생님 흉을 보고, 어린이집에 와서는 엄마 아빠 흉을 본다. 당하는 선생님이나 엄마 아빠는 억울하다.

하지만 어쩌랴. 자라는 중인데!

이제 꽃피움반 아이들은 할 수 있는 게 많아진다

숲에 가면 아이들 사이에서도 보이지 않는 서열이 드러난다. 다섯 살 씨영금 형님들이 높은 바위에 올라가서 뛰어내리거나 나무를 오를 때 동생반은 자기들이 하기에는 아직 어렵다는 걸 알아서 동경의 눈길로 지켜보고 있다.

그러다 어느 날 형님들이 없을 때 꽃피움의 용감한 아이 한둘이 슬쩍 올라가 본다. 바로 뛰어내리지는 않고 올라가서 내려다보고 다시 내려오기를 몇 번 더 한다. 용기가 생기면 훌쩍 뛰어내려 보기도 한다. 겨울쯤 되면 본격적으로 형님반과 같이 뛰어내린다. 바야흐로 겸상이 시작된 것이다. 형님도 흔쾌히 동생에게 자리를 내어주고 기다려준다.

다음 해 3월이 와서 다섯 살 씨영금이 되면 원래 자기 자리인 것처럼 형님 노릇을 하고 네 살 꽃피움이 된 동생들에게 동경의 눈길을 받는다.

아침 등원 시간 가방 정리를 하다
치마를 발견한 아이

"나 오늘 발레(치마) 안 가져와도 된다고 했는데 엄마가 넣었네?"

"승윤아, 선생님이 이 예쁜 치마 입혀줄까?"

"아니, 안 입을 거야."

"그럼 승윤이 예쁜 치마, 오늘 선생님이 입어볼까?"

"치마가 선생님한테 딱 안 맞아."

씨영금:
진짜 형님 다섯 살

학교에 가기 전, 다섯 살 씨영금은 움사랑에서 유아기를 보내고 누려야 할 것을 충분히 누린 건강한 아이들이다. 이 아이들은 보고만 있어도 배가 부르다. 이제 명실상부한 형님들이다.

높은 바위에서 뛰어내릴 수 있고 나무 위에도 올라갈 수 있다. 밭에 가면 풀 뽑기도 잘하고 연도 하늘 높이 잘 날린다.

줄넘기를 뛰다 자신이 생기면 내게 와서 흥정을 걸기 시작한다. 처음은 100개 뛰면 뭐 해줄 거냐고 물어 과자를 원하는 만큼 사주겠다고 했더니 금방 달성했다. 이러다가 계속 과자를 사주어야 할 것 같아 해마다 목표 숫자를 조금씩 올렸다.

어느 해는 상으로 어린이집을 달라고 해서 숫자를 엄청 높게 올렸는데도 달성했다. 상으로 어린이집을 주고 씨영금반이 이 어린이

이제 명실상부 형님이 된 아이들

집의 주인이라는 계약서까지 써주었다. 착한 살림(원에서 거래하는 유기농 매장)에서 동생반까지 원하는 만큼 과자를 사주기로 하고 겨우 다 같이 쓰도록 허락을 받았다.

이번에는 400개 이상을 뛰면 유기농 아이스크림을 먹게 해주고 1,000개를 넘기면 영화를 보여주겠다는 조건을 걸었다. 그랬더니 꾀가 나서 다 같이 잘 뛸 생각은 안 하고 최고로 잘 뛰는 친구의 숫자만 세고 있다. 덕분에 숫자는 잘 헤아린다. 하지만 담임교사가 아이들 모두 10개 이상 뛰어야 한다는 조건을 하나 더 걸어서 다들 실망했다. 그래도 결국 2025년에 현준이가 한 번에 1,106개를 뛰고 아이들도 다 10개 이상 넘어 극장에서 영화《마당을 나온 암탉》을 보았다.

졸업을 앞두면 자장면을 먹으러 간다. 식당에 가서 호기롭게 한 아이당 자장면 한 그릇에 탕수육을 주문하지만 사장님과 미리 양을 조절하였다. 온 얼굴에 칠을 하며 잘 먹고 기념촬영도 하고 나면 아이들도 교사들도 졸업을 실감한다.

움사랑에서 온몸과 얼을 바쳐 놀았던 이 아이들이 어디를 가서든 앞으로도 지금처럼 사랑 많고 건강하고 용감하기를 기도한다.

졸업을 앞둔 씨앗금 부모님들께 보낸 편지

생태유아교육을 실천하는 어린이집에서 가장 큰 열매는 일곱 살(만 5세)입니다.

남들 눈에 맨날 노는 듯이, 맨날 정처 없이 나들이 다니는 듯이, 하는 일 없이 밥만 많이 먹는 듯이 보이는 우리 어린이집 일곱 살은 그동안의 기다림을 감동으로 터트려주는, 씨가 영그는 귀한 아이들입니다.

한글이나 읽고 학교를 가려나 싶지만, 어느새 자신의 생각을 말로, 글로 어른의 가슴에 묵직한 돌을 던지듯 와닿게 해주는 시인이자 문장가가 되어 있습니다.

숲에서 새도 보고, 곤충도 보고, 열매와 꽃도 보고 돌아온 아이들이 도감을 펴고 이름을 알아내며 생명 하나하나와 친구가 되었습니다. 그리고 그 도감 속 그림을 따라 그렸습니다.

공연을 기획하고, 하고 싶은 배역을 정할 때는 오디션을 봤습니다. 누구는 잘하지 못했다고 한 번 더 기회를 달라 해서 원하는 배역을 차지했습니다. 누구는 춤추는 걸 좋아해서 춤추고 노래하는 합창단에 들어갔고, 누구는 공연은 즐겁지만 앞에 서는 게 싫어 오케스트라를 맡았습니다. 두 주 정도 연습했다는데 자기 자리와 순서를 정확히 맞춰 등

장하고 퇴장하고, 대사를 하고 노래하고 연주를 했습니다. 너무 잘해서 관람을 마친 동생들이 극장에 공연 보러 간 것처럼 배우들과 기념사진도 찍었답니다.

우리 아이들이 비록 말을 안 들을 때도 많지만(가끔은 정말 안 들린 것이 아닐까 생각합니다), 그래도 많이 놀아본 덕에 모든 일의 시작과 끝, 규칙을 잘 알고 있습니다.

자신의 의견을 나서서 말할 수 있고, 남들과 다른 기발한 표현을 잘해 예술적이며, 눈이 오나 비가 오나 뛰어다닌 덕분에 체력은 누구보다 강합니다. 놀아본 아이들이 가지는 판단력과 이해력으로, 갈등이 닥쳤을 때 슬기롭게 해결할 줄 아는 '진짜 새 나라의 어린이'라고 말씀드리고 싶습니다.

졸업식에 해야 할 인사말을, 어제 본 공연의 여운이 아직 가시지 않아 미리 올립니다. 1월 졸업여행으로 눈썰매를 타러 가기로 했는데, 그때도 그동안 길러온 체력을 자랑하겠지요.

유아기는 놀이와 배움이 분리되지 않는다는 증거이자, 저와 우리 교직원의 자랑, 일곱 살 씨영금입니다.

연령 통합교육의 의미

학교처럼 유아교육기관에서도 같은 연도생이 한 반이 되어 같은 교육을 받는다. 그런데 12개월과 24개월의 발달은 엄연히 다르고 12월생과 다음 해 1월생은 별 차이가 없는 게 현실이다.

이런 문제를 극복해보려고 코로나19 전에 숲을 교실로 삼아 매일 나들이하는 반에 통합연령반을 시도해보았다. 세 살, 네 살, 다섯 살을 한 반으로 구성하여 한 교실에서 교사 두 명과 생활하도록 한 것이다.

세 살은 형님들을 보고 배우고 네 살은 다섯 살 형님을 동경하며 보고 배운 대로 세 살 동생에게 형님 노릇을 한다. 다섯 살은 자기들이 형님이라는 걸 알아서 잘 놀다가도 필요할 때는 동생을 챙기고 가르쳐준다. 산책을 나가면 동생들 손을 꼬옥 잡고 다니고 차나 자전

통합놀이를 하는 날, 아이들은 연령과 상관없이 어울려 논다

거가 지나가면 얼른 동생을 옆으로 잡아당긴다.

처음에 부모들은 걱정을 했다. "동생이 기가 죽지 않을까요?"

하지만 혼자 크는 아이보다 함께 부딪히며 배우는 아이가 훨씬 단단해진다. 이기기도 하고 지기도 하며, 기다림과 배려 그리고 좌절을 이겨내는 힘을 키운다.

형님들은 동생과의 놀이가 시시할 것 같지만 그 안에서 책임감과 리더십을 배운다. "동생이 넘어졌어요!" 하며 달려와 작은 손으로 동생을 일으켜 세우는 순간, 아이는 자라고 있다.

발달이 느린 아이와 일반 발달 아이의 통합도 같다. 앞으로 같은 세상에서 살아갈 친구들이다. 함께 교실에서 생활하며 서로의 다름을 이해하고, 어울리는 법을 배운다.

하지만 코로나19가 많은 것을 바꾸었다. 모든 것이 경직되어 우리도 반을 나누어 구분 짓고 꽁꽁 숨어 있어야 했다. 다행히 우리끼리만 있을 수 있는 숲과 자연학교, 어린이집 놀이터들이 있었으나 예전 같을 수는 없었다.

마스크를 벗은 이후에도 여전히 조심스러운 분위기에 머뭇거렸다. 하지만 이렇게 계속 갈 수는 없다. 우리 어린이집은 숲과 들로 나가는 나들이 횟수를 늘리며 다양한 방법으로 세 살 물오름, 네 살 꽃피움, 다섯 살 씨엉금의 연령 통합을 시도하고 있다.

교실 안에서는 반마다 비슷한 주제로 놀이를 하다, 온 교실의 문을 열고 통합놀이를 하기도 한다. 형님들이 물놀이장놀이를 하고, 동생반은 가게놀이를, 또 어느 반은 캠핑놀이, 어느 반은 주차장놀이를 하다 마음이 맞아 자동차를 타고 가서 주차를 하고 입장료를 내고 물놀이장놀이를 하다 매점에서 삼성페이로 간식을 사 먹는다. 놀잇감 없는 날 온 교실의 놀잇감을 다 치워버리고 빈 상자나 재활용이 가능한 재료를 채워놓으면 아이들은 협력해서 놀이를 만들어 교실을 오고 가며 놀기도 한다.

나와 아이들은 함께 가는 나들이 날과 놀이하는 날을 기다린다.

함께 살아가는 법을 배우다

연령 통합, 자연놀이, 공동체교육, 이 모든 시도는 단순한 실험이 아니라 아이들이 함께 살아가는 법을 배우는 과정이다.

코로나19로 멈추었던 것들을 다시 이어가며, 앞으로도 우리 어린이집은 아이들에게 가장 자연스럽고 조화로운, 놀이와 배움이 함께하는 삶터가 될 것이다.

형님은 동생을 돌보고, 동생은 형님을 따르며 배우는 과정에서 책임감과 배려가 자란다. 자연에서 다 함께 뛰어놀며 몸과 마음이 건강한 아이들로 성장하는 것, 그것이 우리가 꿈꾸는 교육이다.

연수의 마주 이야기

아들 연준이가 이곳저곳 엎어서 놀고 있는 몰펀(상하좌우 입체 조립이 가능한 톱니·링크 블록)을 엄마가 밟아 발이 아파서 치우라고 했다네요. 그러자 연준이는 "싫어! 더 놀 거야" 했는데 자신이 밟아 발이 아프니까 슬그머니 말하더래요.

"엄마가 치워."

이를 지켜보던 누나 연수가 끼어듭니다.

"연준아! 네가 치워라. 말은 청산유수다. 엄마, 나는 일취월장이다."

청산유수와 일취월장은 평소 연수, 연준이의 맹랑함에 엄마가 하는 말이에요.

03

계절을 즐기는 아이들

생태어린이집의 1년은 늘 새롭지만 흐름은 늘 같다. 해마다 새로운 교실, 새로운 교사와 아이들이 똑같이 놀며 배우는 한 해를 보낸다. 동시에 아이들과 함께 자연의 흐름을 살아내는 교육에는 '세시'와 '절기'라는 두 가지 시간의 축이 있다.

세시歲時는 해마다 일정한 때를 정해 지키는 날을 말한다. 자연의 변화에 맞추어 인간이 사회적으로 약속하고 이어온 시간이다. 설, 대보름, 삼짇날, 단오, 추석, 동지 등이 해당한다. 세시는 공동체가 함께 모여 삶을 나누는 의미를 가진다. 음력 기준이 많지만, 계절과 자연 현상에 기반한다.

절기節氣는 계절의 변화를 알려주는 이정표이다. 태양의 움직임을 기준으로 1년을 24등분 해 구분한다. 입춘, 춘분, 입하, 추분, 입동 등이 대표적인 절기이다.

적응의 계절, 봄

신학기 첫 달은 바쁘다. 첫 주는 적응하느라 정신이 없어 아이들도 선생님들도 부모님들도 다들 마음이 편하지가 않다. 다행인 것은 노느라 힘든 마음을 빨리 잊어버린다는 것이다.

동생반의 경우 첫날은 부모님 손을 잡고 등원해서 잠깐 울다 간다. 며칠 뒤부터는 부모님이 마중 오는 시간에도 놀이터에서 뛰어놀며 기다리다 웃으면서 하원한다. 그러다 밥을 먹고 가기 시작하면 먹다 울기를 반복한다. 어린이집에 오는 5일이 지나 주말 이틀을 쉬다 오면 이제 끝난 줄 알고 안심했는데 다시 가야 한다니 속상해서 더 크게 운다. 낮잠을 자기 시작하고 자고 일어나면 기분이 좋아진다. 적응을 못 하는 아이는 없다. 곧 다 잘 놀게 된다. 아이가 가진 기질과 부모의 양육방법에 따라 걸리는 시간이 다를 뿐이다.

　　형님반의 경우는 이제 친구와 논다는 게 얼마나 재미난 일인지 잘 알기에 적응이 빠르다. 얼마 안 있어 바로 숲과 들로 나들이를 다니며 새로운 놀이와 학습을 시작한다.

처음 가는 숲에서는
약속 지키기부터 배운다

차에서 내려 사람들이 많은 곳에서 이동하려면 안전하게 줄을 서야 하고 미리 화장실부터 다녀와야 한다는 것을 배운다. 숲에서는 준비체조를 마치면 자유롭게 놀이를 하지만 정해진 곳을 벗어나서는 안 된다. 되도록 넓게 공간을 잡기는 하지만 꼭 선생님이 보이는 곳에서만 놀 수 있다. 교사는 놀이를 지켜보며 함께하기도 하고 한쪽에서 그날의 준비된 활동을 펼쳐놓고 아이들이 찾아오기를 기다리기도 한다. 커다란 천을 걸쳐놓고 미술작업을 하거나 스케치북에 세밀화를 그린다. 나뭇가지에 실을 엮어 무언가를 만들기도 한다. 봄이라 새싹이 나기에 돋보기를 들고 가기도 한다.

　　새학기 긴장도가 높아 계속 화장실을 가야 하는 아이도 자연이라는 큰 교실 안에서는 긴장이 풀어져서 다 잊고 논다. 그래서 더더욱 신학기 숲나들이를 거르지 않으려고 한다.

　　4월이 되면 아이들은 어느 정도 적응하고 기본 습관과 규칙들도 자리를 잡는다. 1학기 학부모 상담을 이때 한다. 한 아이당 20분

정도 시간을 들인다. 짧다 싶지만, 평소 자주 만나기도 하고 교사와 학부모 사이에 꼭 필요한 정보를 나누기에는 충분하다.

긴 나들이도 시작한다. 긴 나들이는 말 그대로 길다. 1년에 서너 번쯤 간다. 오전에 차를 타고 나서면 오후 5시쯤 돌아온다. 평소 나들이에서는 시간에 맞추기 위해 덜 놀아도 돌아와야 하지만 이날만큼은 아이들은 지칠 때까지 놀 수 있다. 돌아오는 차 안에서 골아떨어진 아이들을 보면 얼마나 잘 놀았는지 알 수 있다.

5월은 어린이날이 있어 바쁘다. 잔치도 하고 운동회를 하기도 하고 선물도 준비한다.

해마다 다양한 주제로 부모참여 수업도 한다. 나들이를 함께 가거나 밧줄체험을 하기도 하고, 교실에서 미술놀이를 하거나 염색을 하는 등 일상 속 한 부분을 나눈다. 경험상 긴 시간보다 오전이나 오후 1~2시간 정도가 적당하다.

우리 원은 많은 부분을 부모와 함께 열린 운영을 하지만, 서로가 예의를 지키는 적절한 거리를 둔다. 다행히 우리 원 부모들은 사소한 일로 교사를 힘들게 하지 않는다. 원의 철학을 알고 좋아서 입학했고 교사가 아이들을 위해 애씀을 행동으로 보여주고 늘 소통하니 갈등이 생기면 결과보다 원인을 이해해준다.

봄에 어려운 점은 미세먼지와 황사이다. 놀이터도 옥상도 동네 산책도 아침마다 날씨를 확인해서 맑은 날만 갈 수 있다.

그래도 숲이나 매곡리 자연학교는 다행히 교실보다 맑으니 나들이를 계속할 수 있다.

삼짇날 화전 만들기

3월 말이나 4월 초에 삼짇날이 있다. 삼짇날은 음력 3월 3일로 강남 갔던 제비가 돌아오고 꽃이 피는 새봄을 맞는 날이다.

삼짇날이 되면 진달래가 피고, 아이들은 꽃잎을 따서 전을 부친다. 굳이 요리 수업이나 전통 체험이라고 이름 붙이지 않는다. 자연의 시간을 따라 계절이 내어준 것을 함께 나누는 것이다. 제비 모양 머리띠를 만들어 쓰거나 나비 날개를 만들어 등에 매달고 동네 산책을 다니며 봄을 환영한다. 삼짇날이 되기 전 교사들은 깨끗한 진달래가 어디에 피었는지 수소문하며 이 산 저 산으로 찾아다닌다. 큰 도롯가나 도시에 핀 꽃은 깨끗하지 않아서 피한다. 철쭉을 진달래라고 따 오는 아이도 있어 교사가 직접 딴다.

철을 못 맞춰 구하지 못했을 때는 식용 꽃을 주문하거나 찹쌀가루에 색을 내는 단호박이나 쑥가루 등 천연 가루를 첨가해 만든다. 떡집에 미리 필요한 만큼 찹쌀가루 반죽을 주문해놓으면 당일 아침에 배달을 해준다. 아이들은 반죽을 떼어내 손으로 편하게 자기 방식대로 동그랗게 빚고는 꽃잎을 얹는다. 반죽 위에 분홍 진달래를 올리면 그 자체만으로도 예쁘다. 이걸 갖고 1층 한가운데 넓은 공간으로 내려가면 도우미 부모들이 둥글게 모여 앉아 있다.

부모가 화전을 팬에 올려 구우면 맛있는 냄새가 온 원에 진동을 한다. 봄맞이 산책을 나가기 전 엄마 아빠 사이에 끼어 앉아 한입씩 맛본다. 형님반은 맛있게 구워달라고 노동요도 한 곡 뽑고 나간다.

삼짇날을 맞아 나비 날개를 등에 매단 아이들과 진달래 꽃잎 전

신나는 여름

날마다 물놀이를 할 수 있는 신나는 여름이다. 나들이 가서도 냇가나 수영장이 있으면 일단 뛰어든다. 비가 온 후의 매곡리 자연학교 냇가는 깊지 않으면서도 맑고 깨끗해서 아이들이 좋아한다.

더운 날에 교실에 있으면 아이들은 "놀이터에 가자", "옥상에 가자"라며 조른다. 큰 통에 물을 받아 놓고 다 먹고 버린 빈 생수통들을 모아 구멍을 뚫어 물총을 만들어 쏘기도 한다. 우리 교사들이 빈 생수통만 보면 주워오는 까닭이다. 이런 날은 놀이터로 나갈 때 아이들이 언제 물총을 쏘아댈지 알 수 없어 조심해야 한다.

비가 오면 더 신난다. 에어바운스 워터슬라이드에서 물을 뿌리며 놀았는데 다음 날 비가 왔다.

"비가 와서 선생님이 물 안 뿌려도 되니까 힘도 안 들고 우리는 재미있고, 좋지요?”

집에 젖은 옷이 들어 점점 무거워지는 가방을 들고 가야 한다는 것쯤은 까맣게 잊어버리고 아이들이 또 꽃처럼 웃으면서 말한다.

여름 초입, 음력 5월 5일 단오

예전에는 세시풍속에서 설 다음으로 큰 명절로 여겨진 단오는 본격적인 더위가 시작되는 시기를 알린다. 그러니 햇볕이 가장 강해지기 전에 몸과 마음을 단단히 다지는 날이기도 하다.

아이들과 함께하는 생태교육 현장에서는 단오를 '몸을 돌보는 날'로 삼는다. 또 한 해의 절반이 지나감을 돌아보고, 여름을 준비하는 계절의 전환점으로서의 의미를 더한다. 단오가 7월 초에 오는 해도 가끔 있지만, 보통은 6월이다.

아이들은 장명루를 만들어 교사들에게도 나누어주고 부모에게도 선물한다. 장명루는 예전부터 부모가 자녀의 무병장수를 기원하는 마음으로 오색실을 엮어 만든 팔찌이다. 건강한 여름을 나라고 단오선(부채)도 만든다.

백미는 씨름대회이다. 단오 전부터 예선전을 하고, 당일에 모두 옥상에 모여 결승전을 한다. 예선전에서 이긴 아이들은 밤마다 엄마 아빠와 기술을 연마한다. 작년에 진 아이는 몇 달 전부터 연습했다고 한다.

단오를 맞아 개최한 씨름대회에서 씨름왕 탄생

결승전이 시작되면 선수 둘이 마주 보고 샅바를 거머쥐고 벌떡 일어난다. 연습한 기술을 쓰고 체격으로 밀어붙이기도 한다. 승패가 나면 장사가 된 아이와 반 친구들, 담임교사까지 환호성을 지르고 춤을 추며 승리를 만끽하는데, 진 아이는 얼마나 속상해하는지 엉엉 울기도 하고 자존심이 상해 빨개진 얼굴로 실망감을 주체하지 못하기도 한다.

미안하기는 하지만, 너무 귀여워서 그 표정을 사진으로 찍어놓으려고 카메라를 들고 기다리기도 한다. 이긴 아이도 진 아이도 응원하던 아이도 훌쩍 자라고 있는 중요한 순간이다.

더 더워지기 전에 여는 텃밭잔치와 칠월 칠석 공연

텃밭잔치에서는 농사지은 작물과 가정에서 기부를 받은 아나바다 물품, 수업시간에 다 같이 만든 수공예품을 직접 판다. 이익이 나면 선풍기나 쌀 같은 물품을 사서 주민센터에 기증해서 필요한 곳에 보낼 수 있도록 한다.

칠월 칠석에는 형님반이 견우 직녀 공연을 한다. 한 달을 연습하고 동생들을 초대한다. 진행자, 견우와 직녀, 까마귀, 까치, 구름, 나무 등의 출연진과 무대 배경 역할을 맡은 아이와 분홍색 형광 조끼를 입은 스태프들이 진지하게 자신의 역할을 수행한다.

관람 전 교사가 동생반 아이들에게 미리 그림책을 읽어주며 "오늘 견우 직녀 만나는 날인데 아직 못 만났대" 했더니 "시간이 늦었어요?", "버스 지나갔어요?"라고 걱정을 한다.

어느 해에는 부모들이 함께 공연을 준비해 아이들에게 선물했다. 한 달 동안 바쁜 일상에서도 부모님들이 서로 모여 격려하며 작은 무대를 만들어냈다. 아이들은 부모님들이 하는 연극을 기다리며 설레는 마음을 키우고, 사랑받고 있다는 깊은 감동을 체험했다. 준비하는 과정도, 무대에 오르는 순간도 모두가 성장하는 시간이다. 함께

칠월 칠석 형님반의 공연

하며 어린이집 교육철학을 이해하고 동행하게 된다.

8월 말쯤 더위가 조금 가시면 고운 노래잔치가 열린다. 노래잔치라면 관객이 있고 상이 있는 행사를 생각하겠지만 우리는 다르다. 생태교육을 지향하는 매곡리 자연학교 교육공동체 소속 유아교육 어린이집과 유치원들이 모여 관객 초대 없이 서로 친구들의 노래를 듣고 손뼉 치고 무대에 올라 노래를 부른다. 그래도 무대에 오르면 긴장한 얼굴로 선생님의 지휘에 맞춰 잘 부르려고 애쓴다.

숲놀이의 절정, 가을

여름내 숲과 마당을 누빈 아이들의 얼굴은 햇볕에 건강하게 그을려 있다. 다들 까매져 까마귀가 형님 할 것 같지만, 그 모습이 참으로 귀하고 대견하다. 우리 아이들과 선생님들은 나들이 갈 때 소박한 생활한복을 입는다. 윗도리는 분홍이나 연두색, 아랫도리는 차분한 재색이다. 이 옷을 입고 가을에 김천 직지사로 긴 나들이를 갔는데 지나가는 분들이 "아이구, 절집 아이들인가 보네" 하고 환하게 웃으며 반겨주셨다.

가을이 깊어지면 움사랑의 마당과 인근 숲은 축제의 장이 된다. 한 해씩 걸러 열리는 '온 가족 노는 날'과 '두근두근 책놀이터'가 기다리고 있기 때문이다.

온 가족 노는 날과 두근두근 책놀이터

먼저 '온 가족 노는 날'은 일반적인 운동회와는 풍경부터 다르다. 1부에서는 아이들이 주인공이다. 평소 어린이집에서 즐기던 사방치기, 소라놀이, 달팽이놀이, 수박 따기, 얼음땡의 규칙을 아이들이 직접 엄마 아빠에게 가르쳐주며 놀이를 이끈다. 2부가 되면 부모들의 승부욕이 달아오른다. 아빠가 끌어주는 이불 썰매에 아이들은 자지러지게 웃고, 어른들은 딱지치기와 비석 치기, 줄다리기에 땀을 쏟는다. 그 순간만큼은 부모도 아이도 체면을 버리고 오직 '노는 일'에만 온 넋을 뺀다.

책놀이터는 우리 어린이집 기본 프로그램인 그림책통합예술프로그램을 전시하고 함께 체험하는 날로 코너를 나눠 부모 극단의 공연, 부모 노래자랑, 아이들 작품 전시, 여러 가지 체험관 등으로 꾸민다. 이때 입장권으로 우유갑, 다 쓴 건전지를 준비해야 한다. 모든 공연장은 플라스틱이나 일회용 사용을 자제하고 재활용품을 사용하도록 한다. 전시된 작품 중 일부는 판매하여 나눔에 보탠다.

이번에는 조금 더 특별한 가을 소풍을 계획해 경남 창녕 화왕산 기슭의 '숲속애자연학교'로 향했다. '그림책과 만나는 가을 소풍'이라는 설레는 이름도 붙였다. 아침 일찍 도착해 따끈한 유기농 백숙으로 배를 채운 뒤, 본격적인 숲놀이를 시작했다.

아이들은 다람쥐처럼 산을 타는데, 오랜만에 숲을 찾은 부모는 금세 숨을 헐떡인다. "지정 장소까지 먼저 도착하는 가족에게는 음료 상품권을 드립니다!"라는 선물이 걸리자 그제야 부모의 발걸음에 속도가 붙는다. 한바탕 뛰고 난 뒤, 숲속 그늘 푹신한 의자에 앉아 가족이 서로에게 그림책을 읽어주는 시간은 더없이 평화롭다. 투명 플라스틱 컵을 재활용해 만든 통을 하나씩 들고 메뚜기와 여치를 찾아다니는 가족들의 뒷모습 위로 화왕산의 깊은 가을 햇살이 내려앉는다.

서영예 선생님 – 삶이 곧 교육이다

화왕산 국립공원 안에서 숲속애자연학교를 운영하는 서영예 선생님은 처음에는 평범해 보였으나, 만날수록 그 실천의 깊이가 드러나는 분이다. 해마다 교사교육, 부모교육으로 환경교육과 숲교육을 부탁드리는데, 책에서 배운 지식 이상으로 '내가 사는 땅과 아이들이 살아갈 땅에 해 끼치지 않는 삶'을 강조하며 실천 또한 철저히 하신다. 때로는 유난스러워 보이기도 하지만, 그만큼 진심인 것이 느껴진다.

아이들과 화왕산 나들이를 갈 때면 선생님은 늘 교육 차원에서 직접 건강하고 맛있는 유기농 밥상을 준비하신다. 그래도 음식물 쓰레기가 환경을 해친다며 남기는 것을 너무 싫어하니 조심해야 한다. 아이들이 식판에 음식을 남긴 것을 발견하는 날에는 나를 불러 다 먹으라고 할것이다.

많은 것을 배웠지만, 그중 가장 큰 배움은 삶과 배움, 삶과 일이 분리되지 않는 실천이다.

이 계절은 숲놀이의 절정이다. 선선한 바람 속에서 익숙했던 숲이 저마다의 색으로 옷을 갈아입는다. 봄부터 꾸준히 숲을 찾은 아이들의 몸놀림은 이제 거침이 없다. 평지 아스팔트만 밟아본 아이들과 울퉁불퉁한 흙길을 뛰어다닌 아이들의 발걸음은 근육의 쓰임부터 다르다. 낮은 바위쯤은 가볍게 뛰어넘고 웬만한 비탈에서도 중심을 잃지 않는다.

오죽하면 유아 숲해설사 선생님들이 우리 아이들 오는 날만 손꼽아 기다리실까. "너희들은 할 수 있어!"라는 선생님의 응원에 힘입어 고사리 같은 손발로 기어코 팔공산 정상까지 올랐던 그해 가을처럼, 아이들은 오늘도 숲에서 자신의 한계를 조금씩 넓혀가며 단단하게 익어간다.

추석과 축구 대회

추석 무렵에는 꽃피움, 씨영금 아이들이 손끝놀이로 배씨머리핀, 무병장수 팔찌를 만들어 부모와 교사들에게 판매한다. 아이들은 멋지게 과장 광고해서 판매율을 높인다. 여러 번의 경험을 통해 나눌 줄 아는 아이들은 우리가 가족과 만나 행복하게 보낼 때 외로운 사람들도 함께 행복할 수 있도록 수익금으로 기부 물품을 사서 주민센터에 간다.

추석 잔칫날, 각 가정에서 부모와 함께 재활용 종이(우유갑, 신문

옥상에서 참여 수업

지 등)로 딱지를 접어와서 딱지치기도 하고 전시도 한다. 옥상놀이터에서는 전래놀이로 미니 운동회를 하는데 줄다리기가 최고 인기이다. 번외로 선생님들의 대결이 있기 때문이다. 승부욕이 불타는 선생님들은 경기를 마치고 나면 몸살이 날 만큼 힘껏 줄을 잡아당긴다. 승부가 결정 나면 이긴 팀의 아이들과 선생님의 환호성이 온 원을 울린다. 우리 동네 사람들 참 양반이다. 이렇게 소란스러운데도 항의 한 번 하는 법이 없다.

송편도 빚는다. 교실마다 반죽을 나눠주고 모여 앉아 예쁘게 빚으면 조리실에서 간식 시간에 맞춰 쪄준다. 조심해야 할 것은 감기 걸린 어느 아이의 콧물이나 재채기하는 어느 아이의 침이 튈 수 있다는 것이다. 그래서 자기가 만든 건 자기가 먹어야 한다.

11월에는 꽃피움과 씨영금이 이웃 원들과 축구 대회를 한다. 응원 온 학부모님 몇 명도 즉석에서 섭외해서 골키퍼 코치, 후보 선수 관리를 맡긴다. 우승이 코앞에 보이자 체육 교사가 부상으로 생협 매장의 아이스크림을 걸었다. 꽃피움이 우승하고 팀 배정을 잘 못해서 씨영금은 우승을 못 했다. 씨영금반의 연재는 "우리는 그럼 아이스크림 못 먹나요?"라며 우승보다 아이스크림 걱정을 먼저 했다.

그날 이후 한동안 물오름반의 우주가 근원지가 되어 축구 대회에서 우승하면 아이스크림과 자장면을 먹을 수 있다는 소문이 돌았다.

추워도 씩씩하게 노는 겨울

눈 오는 날이면 등하원 차량 운행이 늦어지거나 멈추는 경우가 있지만 이날 부모들은 눈썰매에 아이들을 태워서라도 어린이집에 보낸다. 아이들은 놀이터에 나와 눈을 맞고 옥상에 쌓인 눈 위에서 미끄럼 썰매를 타며 눈사람을 만들고 눈싸움을 한다. 어린 동생반부터 형님반까지 이 순간을 놓치지 않고 조금이라도 더 놀려고 애쓰는 신나는 날이다.

겨울에 가장 좋아하는 놀이는 연날리기이다. 형님반은 연을 만들어 높은 곳으로 간다. 몇 번 해보면 선생님들보다 더 높이 잘 날린다. 동생반은 비닐봉지에 끈을 달아 매곡리 빈 논을 뛰어다닌다. 얼어붙은 시내 위에서 썰매를 타는 놀이도 즐겁다. 아이들은 손이 시린지도 모르고 얼음을 지친다.

얼음 위 신나는 썰매 타기

동지에는 씨앗금반의 〈팥죽 할머니와 호랑이〉 공연이 있다. 해마다 이야기는 같지만 다르게 풀어낸다. 팥죽을 끓이는 장면, 호랑이가 마을로 내려오는 이야기, 할머니가 지혜로 호랑이를 물리치는 장면을 아이들이 연기한다. 직접 빚은 새알심으로 팥죽을 끓여 오전에 간식으로 먹고 나면 공연이 더 실감이 난다.

동지가 크리스마스쯤이라 보통 공연을 보고 나면 산타할아버지가 찾아온다. 되도록 환경을 해치지 않는 선물을 고르고 골라 자루에 넣어 오는데 아이들은 누군지 다 알고도 선물을 받아야 해서 모른 척해준다.

〈팥죽 할머니와 호랑이〉 공연

아이들 세배하는 설날

설날에는 모두 한복을 차려입는다. 나도 예쁘게 입고 방석에 앉아 우리 아이들의 세배를 받는다.

교실에서 연습하고 나와서 반별로 세배하는데, 만 0세 해오름반 아이들은 앉아만 있다가 도리어 내 세배를 받는다. 한 살 터일굼반 아이들은 가끔 절을 하다 엎드려 일어나지 않기도 하고, 내 자리 앞 다과상에 사진 잘 나오라고 차려놓은 약과를 들고 가려고 하지만 그래도 흉내는 곧잘 낸다. 두 살 싹틔움반, 세 살 물오름반은 배운 대로 잘하려고 애쓴다.

네 살 꽃피움반, 다섯 살 씨영금반은 절은 잘하지만 세뱃돈에 더 관심이 많다. 며칠 전부터 은행에서 바꿔온 빳빳한 새 돈을 봉투에 예쁘게 담아 나누어주었더니 한쪽에 몰려서 봉투 속을 들여다본다. 그러다 "에이, 1,000원!"이라고 불평한다. 마음이 상해서 그다음 해에는 유과 한 봉지를 줬더니 집에 가서 원장님이 세뱃돈을 안 줬다고 속상해한다길래 다시 1,000원을 넣은 봉투를 주고 있다. 물론 여전히 아이들은 귀퉁이에 모여 봉투를 들여다본다.

대보름 부럼과 자장면 먹는 2월

대보름은 음력 정월, 한 해의 첫 번째 보름달이 뜨는 날이다. 새해 첫 달이 차오르는 것을 보며 사람들은 건강과 풍년을 빌었다. 우리 원에서는 아이들이 서툰 글씨로 소원을 적고는 접어 나무에 매단다. 이 행위는 어떤 신앙이나 의식과 연관되는 것이 아니다. 세상에 마음을 띄워 보내는 아이들만의 순수한 행위이다.

대보름날은 급식으로 오곡밥을 먹고 부럼을 깨문다. 고소한 부럼을 손에 쥐고 건강을 빌고, 딴단한 껍질을 깨면서 튼튼한 이를 확인한다.

2월은 졸업하는 달이자 입학을 준비하는 달이기도 하다. 졸업을 앞둔 씨영금반 아이들은 "우리는 언제 자장면 먹으러 가요?"라고 묻는다. 그리고 신학기를 위한 오리엔테이션을 한다.

이제 다시 봄이 온다.

아이들이 붓으로 종이에 크게 입춘대길이라고 써서 현관에 붙인다. 다시 한 해가 시작되고 세상은 순환한다.

수료식 날 상장을 나눠주다가

상장의 끝 문구가 '원장선생님이 이 상을 준단다'여서 선생님이 질문을 했다.

"그런데 얘들아, 원장선생님은 너희가 그림 잘 그리고 애교가 많고 꼼꼼하고 그런 걸 어떻게 다 아시고 너희한테 상장을 주셨을까?"

"망원경으로 보고 있어서 알아요." "아니야, 저기 창문으로 다 보고 있어서 아는 거잖아."

"선생님, 원장선생님이 CCTV를 보고 있어서 아는 거예요!"

(원장: !!!!!)

04

노래하며
함께 사는 아이들

아이들에게 맞는 감성과 언어, 몸의 리듬으로 구성된 음악을 들려주고 불러야 한다. 지금 아이들에게 가장 필요한 것은, 어른의 노래가 아니라 아이의 말과 감정이 담긴 '진짜 노래'이다. 이오덕 선생님은 "아이의 말은 아이의 삶 그대로다"라고 말했다. 아이가 살아보지 않은 삶의 말이 노래가 될 수도, 자기 것이 될 수도 없다는 뜻이다. 어른은 그런 아이들의 노래를 지켜주어야 하지 않을까?

또한 우리 아이들은 생태어린이집에서 환경보호의 중요성을 배운다.

지구라는 생명체 안에 세포들이 모여 하나의 유기체를 이룬다면, 인간은 그 속에서 적혈구나 백혈구쯤 되는 존재가 아닐까? 산소를 옮기고 외부 침입자를 막아내지만 동시에 과잉 반응으로 몸을 망가뜨리기도 하는 이중적인 존재.

그렇기에 아이들은 자신이 지구라는 거대한 몸의 일부임을 알고, 그 몸을 지키는 동시에 함께 살아가는 방법을 익혀야 한다.

아이들의 노래는
어디에 있을까

TV를 켜면 온통 경연대회이다. 가요, 트롯, 국악, 성악 등 장르도 다양하다. 기획이 어찌나 탄탄한지 보고 또 보게 된다. 경연이 시작되는 시간만 되면 TV 앞에 앉아 있는다.

재미는 있지만 어린 출연자를 보면 마음 한켠이 불편해진다. 유행의 흐름을 타는 문화라는 것이 딱히 아이들을 배려하지는 않는 것 같다.

아이들은 아이들의 노래를 불렀으면 좋겠다. 아이가 아이다울 수 있는 권리가 무시되고 있는 것 같다.

성인 음악이 반드시 나쁘다는 뜻은 아니다. 어떤 노래는 아이의 감정을 부드럽게 어루만질 수도 있고, 클래식은 정서 안정에 도움이 되기도 한다. 그러나 아이의 정서에 맞지 않는 음악도 분명 있다.

아이들은 아이들의 노래를 불러야 한다

빠른 박자, 과도한 감정, 무겁거나 추상적인 가사 등. 유아기의 아이들은 감정을 조절하는 뇌 회로가 아직 정교하게 발달하지 않았고, 언어 또한 상징보다 구체적 표현에 익숙하다. 그런 아이들에게 '음악적 성숙'을 기대하는 것은 어른의 욕심일 수 있다.

게다가 성인 음악을 따라 부르는 것이 단지 재밌고 흥겨워서라기보다는, 사회가 아이에게 강요하는 문화에 대한 적응이라면? 우리는 그 음악 속에서 아이가 자기를 표현하고 있는지, 아니면 어른의 기대를 채우려 애쓰는 것인지를 분별할 필요가 있다.

'아이답게 자라는 것'을
돕는 노래

우리 어린이집은 발표회나 운동회에서 흥을 돋우기 위해 성인 음악을 일절 사용하지 않는다. 심지어 교사들의 벨소리도 되도록이면 아이들의 감성을 해치지 않는 곡으로 설정한다. 그래서 유난이라는 소리도 듣지만 조미료, 즉석식품, 과자, 음료수 같은 이로움보다 해로움이 더 많은 음식을 먹지 않기로 한 것처럼, 그런 노래는 듣지도 부르지도 않기로 했다. 우리가 지킬 수 있는 최선의 안전띠를 두른 것이다.

우리 원에서는 통전교육(몸·마음·사고를 발달 단계에 맞춰 균형 있게 성장시키는 교육 철학)을 실천해온 김희동 선생님이 만든 동요인 푸른 노래(청요)를 많이 듣고 부른다.

청요靑謠의 노랫말은 어려운 상징이나 교훈을 담기보다는 아이들의 삶 가까이에 있는 말들로 구성되어 있다. 곡조 또한 아이들 음역에 맞고 반복이어서, 억지로 따라 부르지 않아도 노래가 몸에 스며든다.

'아이답게 자라는 것'을 돕는 노래이며, 우리 원이 지향하는 생태적 삶, 자연스러운 성장과 잘 어울린다.

보리출판사가 백창우 작곡가와 만든 《보리 어린이 마을 노래집》의 노래도 많이 부른다.

이오덕 시 〈우리말 노래〉랑 〈우리말이 있길래〉 두 편에서 말을 골라 한 노래로 엮었습니다. 음높이나 빠르기는 부르는 사람 마음이구요. 1절 부른 뒤 2절은 한 음 높여 불러도 좋을 듯합니다. (D → E 또는 E → Db)

아이들의 삶 가까이에 있는 노랫말

딱지 따먹기 할 때
딴 아이가 내 것을 치려고 할 때
가슴이 조마조마한다.
딱지가 홀딱 넘어갈 때
나는 내가 넘어가는 것 같다.

〈딱지 따먹기〉 동요의 가사는 진짜 아이들 이야기 아닌가. 딱지 따먹기 대회가 열리면 우리 아이들의 얼굴이 딱 저 노랫말 같아진다.

아이의 언어와 감정이
자연스럽게 스며든 노래

동시(시)를 읽고 부르며 즐기는 '계간 동시 노래 잡지' 성격의 동시YO의 노래도 참 좋다. 유튜브 동시YO 채널에는 여러 작곡가가 참여해 만든 다양한 작업물이 있다. 시인들이 쓴 동시가 노래로 이어질 뿐 아니라, 아이들이 좋아하는 말이 시가 되고, 시가 다시 노래가 되는 과정도 보여준다.

동시YO의 운영자인 꿈휴는 과거 자신의 글에서 아이들이 동요를 배우는 것은 단지 어린 날 부른 노래에서 그치는 것이 아니라

시가 노래가 되는 과정을 보여주는 동시YO (출처: 〈동시YO〉 2018 가을호)

먼 훗날 기억할 '과거'를 만들어가는 일이라고 말했다. 그는 어린이 음악을 바라볼 때 흔히 '아이들이 좋아할 만한 노래'나 '교육적으로 바람직한 노래'를 우선으로 삼는 접근이 오히려 공감을 막는다고 했다.

꿈휴는 요즘 동요들이 동요제에만 갇히고 널리 불리지 못하는 이유도 어린이를 대상화하거나, 자신의 어린 시절을 퇴행적으로 미화하는 감상, 혹은 경연에서의 심사 기준에 맞추려는 곡이 창작자 자신과 아이들 모두를 소외시키기 때문이라고 했다.

그는 자신이 제작하는 음악을 더 이상 '동요'라고 부르지 않는다. 동요라는 말이 지나치게 규범화되어 새로운 흐름을 담아내지 못하기 때문이다. 그는 오히려 동요라는 말을 내려놓는 것이 아이들과 함께하는 음악이 나아갈 새로운 길을 열어준다고 믿는다.

꿈휴는 아이들이 성인 가요의 가사를 따라 부른다고 해서 성인 가요의 가사를 더 좋아한다고 생각하는 것은 잘못이라고 본다. 실제 동시YO 채널에서 나타나는 어린이들의 반응을 보면, 아이들이 음악을 향유하는 핵심 요소는 가사보다는 음악적 스타일에 더 크게 달려 있다고 한다. 아이들이 반응할 수 있는 음악적 스타일에 그들의 정서에 적합한 내용의 가사를 담으면 어린이들이 호응한다고 한다. 그러니 일부러 성인 가요에 적합한 가사를 써야 어린이들에게 접근할 수 있다는 기획적 발상은 억지스러운 것이라고 한다. 요즘 발표되는 동시 안에는 기존 동요와 다른 다양한 감정과 표현이 담겨 있으니 이를 아이들이 자연스럽게 즐길 수 있는 대중음악적 스타일로 만들어낸다면 이른바 요즘 동요들과는 달리 대중문화로서도 널리 공유

될 수 있다는 것이 그의 판단이다.

결국 그는, 아이들에게 필요한 노래는 '어른이 들려주고 싶은 노래'나 '어른들의 음악 그 자체'가 아니라, 아이의 언어와 감정이 자연스럽게 스며들어 공감 가능한 노래이며, 이는 창작자의 울림에서 출발한 시와 음악이 아이에게 도달할 때 비로소 살아난다고 보았다.

우리 방식의
노래 발표회

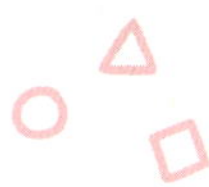

좋은 노래들을 모아 우리도 남들처럼 노래 발표회를 한다. 달마다 배운 노래 중에 고르고 골라 연습을 한다. 줄도 맞추어 서서는 음정과 박자를 연습하는데 교실 밖에서 듣고 있으면 제각각이다. '아이고, 어쩌나' 걱정이 절로 든다. 여기에 율동과 화음도 넣어보려 하지만 어려운 일이다.

교사는 열정을 불태우며 한 번 더 반복시키고 싶어 하지만 노래 연습 시간이 조금만 길어진다 싶으면 불평불만이 쏟아진다. 원래 놀이터에 나갈 시간을 당겨 쓰는 걸 아는 아이들이 항의를 한다. 이쯤 되면 교사도 포기한다.

'그래. 우리 아이들답게 하면 되지. 억지로 연습하면 무슨 소용이 있나' 이러면서 스스로 위로하고 놀이터로 나간다.

동요제에서 노래 부르는 아이들

안 맞던 음정, 박자도 맞아지는
발표회 날

그래도 발표회 날에는 커다란 무대를 빌리고 아이들은 평소 입던 생활한복을 더 정갈하게 차려입고 영상녹화도 한다. 우리도 갖출 건 다 갖춘다. 동생반은 앞 순서에 나와 두 곡 정도 부르고 내려가고 형님반은 노래에 춤도 춘다.

희한한 일이다. 그 개구쟁이들이 공연을 위해 무대 뒤편에 서면 긴장을 한다. 줄도 잘 선다. 큰 소리로 떠들지도 않는다. 그렇게 안 맞던 음정, 박자가 무대에 서면 맞는다. 심지어 올해는 노래 중간에 반

주가 멈추는 일이 있었는데도 부르던 노래를 끝까지 불렀다. 같이 긴장하던 교사들은 무대를 마치자 갑자기 어깨에 힘이 들어갔다.

"우리 아이들은 무대 체질이에요. 올라가면 더 잘해요."

진짜 그런가 보다.

아이들은
아이들의 노래를 부를 권리가 있다

많은 어린이집, 유치원과 학교에서 보던 발표회와 비교하면 화려하지는 않다. 하지만 평소에도 아이들이 어린이집에서 부르는 노래를 듣고 악보집을 달라거나 가사를 알려달라며 집에서도 함께 부르고 싶어 했던 부모들은 대부분 만족해한다.

무엇보다 움사랑의 교육철학을 충분히 이해한 부모들은 우리가 왜 이런 발표회를 하는지 알고 있다.

아이들이 평소에 부르던 노래를 그대로 무대에 올려놓는 것.

화장과 정장으로 꾸미지 않은 아이들의 있는 그대로의 모습.

완벽함보다는 아이들의 즐거움과 자신감을 더 소중히 여기는 우리 선택.

그것을 부모들도 함께 공감하고 있었다.

모든 사람이 우리 방식에 동의하지는 않을 것이다. 아이가 좋아해서 성인 노래를 부른다면 굳이 막을 이유는 없고, 부모와 함께 부르는 트로트 한 곡이 가족 간 정서 교류의 매개가 되기도 한다.

그래서 우리는 단정적으로 말하지 않는다. '이게 정답'이라고 말하기보다 우리에게는 이런 기준이 있고, 그것이 아이들에게 긍정적인 영향을 준다고 믿는다는 것이다.

모든 어린이집, 유치원이 똑같을 필요는 없다. 중요한 건, 누구를 중심에 두고 음악을 선택하고 있는가 하는 질문이다.

음악은 말보다 먼저 감정에 닿는다. 그래서 어떤 음악을 들려주느냐는, 아이에게 어떤 세상을 보여주는가와 맞닿아 있다. 아이가 자기 마음을 알아주는 노래, 몸이 기억하는 멜로디, 자기를 표현할 수 있는 가사가 담긴 노래를 부를 수 있도록 도와주는 것, 그것이 우리가 해야 할 일이라고 생각한다.

아이들은 아이들의 노래를 부를 권리가 있다.

그리고 그 권리를 지켜주는 일이 '교육'이다.

어제는 다들 잘 돌아가셨나요

혜정이네는 온 가족 외식하는 날이라 하던데 외식비 좀 지출하셨겠어요. 저희도 선생님들이랑 근처에서 늦은 저녁 먹고 돌아왔지요.

아침에 출근하니 아이들은 또 동요제를 하는지 모여서 노래 부르고, 교무실로 순서지 달라고 찾아오네요. 아직 어제의 흥분이 안 가라앉았나 봅니다.

선생님들은 다들 자기 반이 참 잘했다고 무대 체질이라고 자랑들을 합니다.

네 살은 안 울고 잘 불렀다고 자랑, 다섯 살들은 크게 잘 불렀다고 자랑, 형님들은 노래를 정말 잘 부른다고 자랑, 저는 우리 아이들이 자신감 있게 잘 불렀다고 자랑 중입니다.

부모님들은 조금 아쉬웠을 겁니다. 그 밤에 거기까지 온 가족이 모여왔는데, 달랑 두 곡. 하하.

그런데요, 여기서 한 곡만 더 했다거나, 몸동작을 넣었다거나, 드레스나 정장을 입혔다거나 하는 그 순간, 선생님에게는 미거운 일, 아이들에게는 억지로 하는 하기 싫은 숙제가 되어버립니다.

딱, 두 곡. 약간의 긴장감을 주는 두 곡이 아이들은 즐겁고 재미나고 선생님들은 자랑스럽고 뿌듯한 정도입니다. 아이들도 선생님도 행복해지는 지점입니다.

그래서 아마 앞으로도 이 이상을 뛰어넘어 볼 계획은 없을 듯합니다. 움사랑을 선택하신 이상, 부모님들도 함께 감당하셔야 할 몫이 아닌가 합니다.

어제 참석해주신 모든 분께 감사의 말씀을 드립니다.

고맙습니다.

* 사실 옷은 좀 예쁘게 입혀보고도 싶었습니다. 그래도 모두 나들이복(원복-생활한복)을 입고 나설 거였는데 일곱 살들 분홍색 윗도리가 염색이 다 날아가 거의 흰색이라 참았습니다. 하하하.

지구의 일부가 되어
지구를 지키는 실천

제임스 러브록의 《가이아》는 지구를 단순한 행성이 아니라, 살아 있는 하나의 유기체로 본다. 지구 스스로가 조절하며 생명체가 살아갈 수 있는 환경을 유지하려 한다고 말한다.

인간을 포함한 수많은 생명체가 이 조화로운 시스템 속에서 각자의 역할을 하며 살아간다. 그러나 지구라는 큰 생명체의 일부인 인간은, 공동체의 일원으로 살아가기보다 오히려 자신만의 생존에 몰두하고 있다.

우리 어린이집 교직원·부모·아이들은 지구라는 생명체 안의 작은 생명으로서 함께 건강하게 살아가는 방법을 배우고 실천한다. 우리가 하는 작은 선택이 지구라는 생명체 안에서 '건강한 세포'로 사는 법을 배우는 과정이기 때문이다.

우리 어린이집에서는 자연을 삶의 공간이자 배움의 공간으로 여기며, 단순히 '자연을 보호해야 한다'거나 '지구가 아파요'라고 가르치는 것에서 벗어나 그 일부가 되어 사랑하며 살도록 알려준다.

우유갑과 안 입는 티셔츠 재활용, 일한 돈을 나누는 선택. 이런 작은 것이 모여 우리는 지구 안에서 약해지지 않고 강하게 살아가는 세포가 되어간다.

재활용과 나눔의 일상

그 첫 번째 실천으로 매일 간식으로 먹고 나오는 빈 우유갑은 일반 재활용 종이와 분리해 씻어 말려서 따로 모아야 재활용할 수 있다는 걸 알려주었다. 교실에서 우유를 마시고 빈 우유갑을 물에 씻어 말려 놓으면 씨영금반 아이들이 바구니를 들고 거둬 가기로 하였다. 다음 날 아이들은 모여 앉아 가위로 우유갑을 잘라 펴서 한곳에 모아놓았다.

어느 날 산책을 하다 우유갑을 주민센터에 가져가면 두루마리 휴지로 바꿔준다는 걸 알게 된 아이들이 버스를 타고 주민센터에 가서 바꿔왔다.

요즘은 다 쓴 건전지도 모아서 새 건전지로 바꿔온다.

아이들은 물건의 쓰임과 순환을 몸으로 배우며, 재활용이 '환경보호'라는 거창한 이야기가 아니라 일상의 놀이이자 책임이 되는 경험을 한다.

생명의 순환을 배우는 농사

두 번째 실천으로 생명의 순환을 직접적으로 배울 수 있는 농사짓기 활동을 한다. 우리 아이들은 농사를 잘 짓는다. 입학하면서부터 우리 밭이 있는 매곡리 자연학교로 나들이를 다녀 농사 경력이 오래된 씨영금반은 농사의 달인이다.

계절에 맞춰 봄에는 감자를 심어놓고 갈 때마다 줄지어 풀 뽑기를 한다. 뽑아놓은 풀은 닭이나 토끼에게 가져다준다. 내가 안 먹는 것도 잘 먹는 동물들이 있으니 나눠 먹으면 된다. 가끔 두더지가 나타나 밭을 헤집기도 하지만, 그럴 수 있다고 생각한다. 그 아이들도 함께 사는 거라고 배웠기 때문이다.

6월에는 논에 모를 심는다. 산책을 갈 때마다 내가 심은 모가 잘 자라는지 살펴보고 익어가는 모습을 지켜본다.

가을에 벼 베기를 하고 탈곡까지 직접 해서 그 쌀로 밥을 지어 먹고 나면 아이들은 밥 한 공기 속에 담긴 계절과 땀과 기다림을 느낀다.

흙에 발을 딛고 씨를 뿌리고 가꾸는 과정을 통해 아이들은 우리가 딛고 사는 이 땅의 소중함을 배운다. 먹는 일이 생명을 잇는 일이라는 것을 봄으로 익히면 땅을 대하는 태도도 달라진다.

봄에 심어놓았던 감자를 캐는 아이들

7월 10일 팔거천
EM 흙공 던지고 돌아오는 길

지우가 친구 주은에게 이야기한다.

"땀이 줄줄 흐른다. 물놀이하면 좋은데. 그치?"

"워터파크나 물총은 안 돼! 선생님이 워터파크는 전기를 사용하기 때문에 우리는 시원해도 지구가 덥다고 말씀하셨잖아. 그리고 선풍기와 부채 중에 선풍기는 전기를 쓰니까 안 되고 부채는 전기선이 없으니까 시원하게 부치면 된다고 했어."

"그러면 바다에 놀러 가면 좋겠다. 그치?"

"그래, 바다에 가서 놀면 되지. 그치만 우리는 몸을 관리해야 해. 그래서 차가운 물에서 너무 많이 놀면 안 돼!"

(왜 관리를 할까요? 내일모레 여름캠프를 가야 하니까.)

텃밭잔치와 아나바다

어느 해는 열무가 풍성하게 잘 자라고, 감자와 상추도 제법 수확량이 되었다. 교사와 아이들은 이것들을 팔아서 돈을 벌기로 했다. 텃밭의 채소들이 무성한 6월에 텃밭잔치를 열기로 했는데 이때 아나바다(아껴 쓰고, 나눠 쓰고, 바꿔 쓰고, 다시 쓰고)를 곁들여 기부받은 물품들도 함께 팔기로 했다.

열무는 다듬어 김치를 담그고, 농산물은 종류별로 가격을 정해 신문지 봉투에 담았다. 부모에게는 아나바다 물건을 기부받기로 하고, 아이들과 교사는 판매할 물품을 만들었다.

아이들은 룸밴드 팔찌, 반짝이는 홀로그램 색종이로 미니카 등을 만들었다. 교사는 아이들이 그린 그림으로 컬렉션 직물 가방, 티 매트, 식탁매트, 책갈피를 제작했다.

아이들이 키우고 수확한 열무

이때의 철칙은 '지구에 이로운 사람이 되는 것'이었다.

친환경, 재활용, 새활용 수공예품 위주로 하고, 일회용품 사용은 절대 금지였다.

장바구니는 필수였다. 집에서 사용하던 주머니나 원에서 교재를 담아 보내던 부직포 가방을 재활용하기도 하고, 안 입는 티셔츠를 들고 와 밑단을 잘라 묶어 장바구니를 만들기도 했다. 열무김치는 반찬통을 들고 오지 않으면 살 수 없었디.

아이들은 큰 소리로 손님을 부르고, 노래도 부르며, 안 되면 떠넘기기를 하기도 했다. 판매품보다 서비스를 더 많이 주고, 1,000원을 받고 10,000원을 거슬러주기도 하며 1시간 반 만에 다 팔았다.

2024 운사광
텃밭 잔치에
초대합니다
*우천 시, 연기 될 수 있습니다.
(7월 3일 ~ 7월 10일 중 예정)

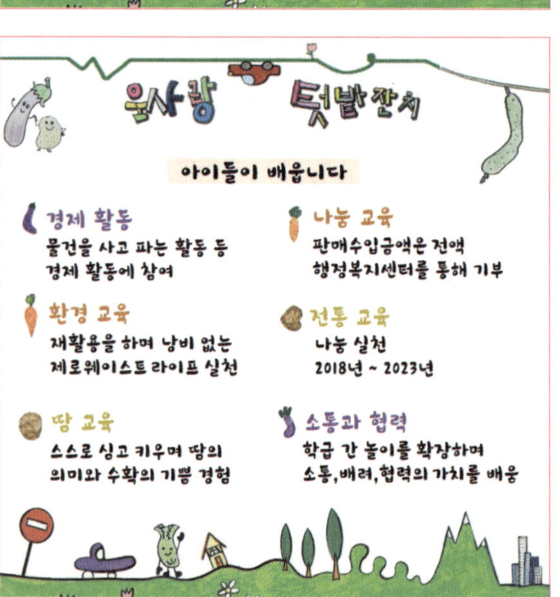

운사광 텃밭잔치
아이들이 배웁니다
경제 활동
물건을 사고 파는 활동 등
경제 활동에 참여
나눔 교육
판매수입금액은 전액
행정복지센터를 통해 기부
환경 교육
재활용을 하며 낭비 없는
제로웨이스트 라이프 실천
전통 교육
나눔 실천
2018년 ~ 2023년
땅 교육
스스로 심고 키우며 땅의
의미와 수확의 기쁨 경험
소통과 협력
학급 간 놀이를 확장하며
소통, 배려, 협력의 가치를 배움

텃밭잔치 초대장

이 행사는 단순한 놀이가 아니었다.

아이들은 일한 만큼 벌고, 지구를 덜 아프게 하는 방식을 배웠다. 장바구니와 반찬통을 챙기며 물건을 아끼는 태도를 익히더니, 어느새 장사 천재가 되었다. 부모도 우유갑과 다 쓴 건전지를 입장료로 내며, 모두가 순환의 일부가 되었다.

아이들은 회의를 열어 우유갑으로 바꿔온 두루마리 휴지를 어린이집에 다시 팔아 얻은 돈과 텃밭잔치에서 벌어들인 수익으로 영화도 보고 맛있는 것도 사 먹었다.

나눔을 배우는 경험

그런데 어느 날 산책길에서 폐지를 줍는 할머니를 만났을 때 한 아이가 말했다. "할머니 힘드시겠다."

교사는 아이들에게 나눔을 가르칠 순간이 왔다는 걸 알고 대답했다. "그래, 우리 주위에는 어려운 분들도 많단다. 우리가 조금 나눌 수 있을까?"

며칠 뒤 회의를 열고 아이들은 자신들이 모은 돈으로 쌀과 이불, 선풍기를 사서 주민센터를 통해 기부했다.

이를 통해 아이들은 자신이 번 돈이 누군가에게 따뜻함이 될 수 있다는 것을 배웠다. 그 기부의 마음은 동생들에게로 계속 이어져, 10년을 넘은 지금도 변함없이 기부를 하고 있다.

아이들은 기부를 통해 나눔을 배운다

생태유아교육은 자연과 더불어 살아가는 감각을 기르는 교육
이다. 농사를 지으며 계절의 변화와 생명의 순환을 배운다. 우유갑을
씻고 말리고, 안 입는 티셔츠로 장바구니를 만들며, 나를 둘러싼 세
상을 아끼고 보호하는 방법을 익힌다. 자기들이 한 일이 돈으로 돌
아오고, 일한 만큼 보상받는다는 것도 알게 한다.

그렇게 일하여 번 돈을 나누며 자신이 속한 세상을 아끼고 사
랑하는 법을 배운다.

더불어 살아가는 감각을 기르는 교육

생태교육은 단순히 숲으로 가서 바람과 벌레, 흙을 친구 삼아 자연 안에서 자라는 것으로 마치는 것이 아니다. 그것은 마치 가둬놓은 동물에게 먹이를 주고, 줄 서서 기다리며 곤충을 만져보는 것을 자연 친화적인 활동이라 여기는 것과 같다.

생태유아교육은 자연을 '가르치는' 교육이 아니라, 자연과 더불어 살아가는 감각을 기르는 교육이다.

임재택 교수는 이를 "생명 중심의 감수성과 공동체적 태도, 순환적 삶의 실천을 통해 인간과 자연이 더불어 살아가는 길을 배우는 과정"이라 설명한다.

결국 아이들은 자연을 배우는 것이 아니라, '나'와 '세상'의 관계를 공생의 관계로 써 내려가는 법을 익히는 것이다.

교사와 가정에서 해야 하는
생태교육 실천

환경교육이 삶과 분리되지 않도록, 교사들끼리 지켜야 할 약속이 있습니다.

1. 썩지 않는 비닐을 사용하는 코팅은 꼭 필요할 때 외에는 하지 않는다. 코팅기는 우리 어린이집에서 눈치의 대상이다. 전선을 연결하는 순간 주변 교사들이 어디에 사용할 건지, 왜 꼭 코팅을 해야 하는지를 묻기 시작한다.

2. 교실에서 사용하는 물품은 함부로 버리거나 낭비하지 않는다. 자투리 종이를 버려놓으면 쓰레기통을 뒤지는 누군가가 있다. 눈총을 맞을 수 있다.

3. 할 수 있는 대부분의 것을 재활용한다. 그래서 가끔 부끄러운 일이 생긴다. 단체로 연수에 가면 몇백 명이 모인 강당 한 귀퉁이에 삼삼오오 모여 커다란 자루에 빈 생수통을 일일이 모으고, 먹고 버린 빈 도시락도 따로 다 모은다. 길에서 버리고 간 냉장고 박스를 끌고 오는 것보다는 약간 더 부끄럽다. 생수통은 뚜껑에 구멍

을 뚫어 물총놀이에 쓰고, 빈 도시락은 아이들 만들기 재료로 사용한다.

4. 우리 원에서는 플라스틱 컵을 거의 볼 수 없다. 특별히 고생한 날, 수고했다고 카페에 음료를 주문하겠다는 알림글이 올라가면 교실의 텀블러들이 다 나온다. 바구니에 텀블러를 담아 카페에 맡겨 놓고, 다 되면 다시 바구니를 들고 온다. 그래서 배달은 되지 않는다. 교사가 되려면 텀블러는 필수이다. 동네 카페들은 우리 원에서 주문 전화가 오면 당연히 텀블러를 기다린다. 부모님들이 수고한다고 보내주신 음료들 때문에 학기 초에는 다소 비장한 알림글을 올렸다. "우리 원은 미래를 살아갈 아이들의 지구를 위해 일회용 플라스틱 용기에 담긴 음료를 받지 않겠습니다." 이후로는 음료 선물 자체가 사라져 아쉽기도 하다.

5. 겉포장을 화려하게 하지 않는다. 보통 생일이나 크리스마스 등 특별한 날 가정에서 보내는 선물들은 아이들의 마음을 설레게 할 수 있는 포장을 한다. 하지만 우리는 간단한 띠를 두르거나 끈으로 묶고, 정성 들인 카드를 붙인다. 그렇다고 정성이 없어 보이거나 선물이 작아 보이지는 않는다. 부모들도 잘 알고 있어 섭섭해하지 않는다.

6. 일회용품 사용을 자제한다. 야근할 때 간식을 주문하면, 나무젓가락을 들려는 초임 교사 손을 붙잡고 소독기에서 개인 그릇과 수

저를 챙겨 온다. 다 먹고 나면 남은 그릇들은 깨끗이 씻어 분리,
수거한다.

이런 실천으로 때때로 '별나다'는 시선을 받을 때도 있지만, 우리는 미
래를 살아갈 아이들을 위해 당연히 해야 할 일을 하고 있습니다.

그런데 거래업체에서 교재·교구 포장을 일일이 비닐로 하고, 매달 부직
포 가방에 담아 보내는 건 내 잘못은 아닙니다. 왜 이런 걸 골라왔냐고
잔소리하면 나는 어쩌라는 것인지….

그렇게 잔소리하더니 방법을 찾았습니다. 가방이나 포장지를 한쪽에
모아두고 필요한 일이 있으면 꺼내 쓰고 있습니다. 교재 가방은 집으로
한 번 나가면 다시 돌려보내도록 해 이를 또 필요할 때 집으로 보냅니
다. 그래서 주인 이름을 적는 곳을 보면 졸업한 아이 이름이 지워지고
재원하는 아이 이름이 적힌 경우도 많습니다. 움사랑 교사들은 여러모
로 재활용의 달인입니다.

요즈음은 나도 거래업체마다 잔소리를 합니다. "포장을 줄여보세요."

가정에서 함께 지켜주어야 하는 약속도 있습니다.

앞에서도 말했듯이 학기 초 우리는 "일회용 플라스틱 용기에 담긴 음료
는 받지 않겠습니다"라고 안내합니다. 우리 원에서 하는 모든 행사의

입장료는 빈 우유갑과 다 쓴 건전지입니다. 이를 통해 자연스럽게 가정에서도 분리배출을 실천하도록 이끕니다. 가정은 가장 가까운 배움터이고, 부모는 가장 영향력 있는 선생님이기 때문입니다. 집에서 분리배출을 하며 환경 이야기를 나누면 그 배움이 몸에 스며듭니다.

환경 주간·지구의 날에는 가족 줍깅 과제를 내고, 인증 사진을 올리면 텃밭잔치에서 쓸 '움사랑 머니'를 줍니다.

전깃불 끄기Earth Hour를 실천하는 가족사진을 알림장에 올리게 하면 그와 관련된 다양한 아이디어가 나와서 이야기꽃이 핍니다.

05

잘 먹는 아이들

잘 먹는다는 것은 무엇을 말하는 것일까?

비싼 음식을 먹고 좋은 고기를 먹고 풍족하게 먹는 것은 아닐 것이다. 나와 세상에 해를 끼치지 않고, 내 몸에 이롭고 필요한 만큼 먹는 것이 잘 먹는 것이라고 생각한다. 그러기 위해서는 애씀이 필요하다. 특히 아이들의 지금 먹는 것과 먹는 행위는 평생의 몸을 만들고 유지시킨다.

"네가 먹는 것이 곧 너"라는 말을 이때 사용하고 싶다.

어린이집, 유치원의 급식이 신중해야 하는 큰 이유이다.

1년의 순환,
생명의 밥상 프로젝트

우리 어린이집에는 해마다 이어지는 '생명의 밥상 프로젝트'가 있다. 텃밭에서 시작해 밥상으로 끝나는, 1년의 순환이 담긴 프로젝트이다. 아이들과 함께 심고, 가꾸고, 거두고, 요리하고, 나눈다. 그렇게 밥상 위에 오르는 모든 것에 생명의 시간을 얹는다.

장 담그기 (2~3월)

원래라면 2월에 해야 할 장 담그기를, 아이들이 입학하고 조금 익숙해진 3월에 한다. '메주는 항아리 속에서 숨을 쉰단다'라고 말해주면, 아이들은 고사리손으로 메주를 씻고 소독한 항아리에 차곡차곡

아이들의 된장 담기 체험 활동

담는다.

달걀을 띄워 소금물 진하기를 확인하는 전통 방식도 잊지 않는다. 항아리는 자연학교 한쪽, 햇볕 잘 드는 곳에서 잘 익어가도록 둔다.

심기와 가꾸기 (4~6월)

4월에는 감자를 심고 채소 씨앗을 뿌린다. 5월에는 모종을 옮겨 심고, 6월이면 논에 직접 모를 심는다.

우리 어린이집은 매곡리 자연학교 교육공동체에 소속되어 그 지역 농사짓는 어르신들과 계약재배를 한다. 마을에서 어린이집에서

5월 아카시아꽃을 따서 즉석에서 만든 튀김을 먹는 아이들

먹을 쌀이 나는 논 한쪽을 아이들에게 내어주어 모를 심고 벼가 자라면 논둑에서 메뚜기를 잡고 수확철에는 벼를 베는 모든 일을 경험할 수 있도록 해주었다.

감자도 이맘때 수확한다. 이때부터 급식에 감자 반찬이 나오면 "이거 내가 캔 감자야"라고 한다. 그러니 안 먹을 수가 없다. 잘 먹을 수밖에.

수확과 요리 (9~11월)

9월에는 배추를 심는다. 잘 익은 늙은 호박은 호박전으로 변신하고,

148

마당에서 전을 부치기 시작하면 아이들은 놀다 가도 쫓아와 입을 벌린다.

10월에는 된장을 뜬다. 이제부터 급식에 나오는 된장국의 된장은 다 자기들이 만든 것이다.

벼도 이맘때 벤다. 말려놓은 벼를 낡은 탈곡기를 돌려 탈곡하는 것을 본 이후 이제 밥도 다 자기들이 농사지은 쌀로 만든 것이 된다.

배추를 수확할 때라 배추전도 인기이다.

김장 잔치 (12월)

김장하는 날은 잔치가 벌어진다. 선생님은 아이들과 김장에 대한 그림책도 보고 자료도 찾아보며 준비를 한다. 조리실에서 절인 배추와 양념을 준비하면 선착순으로 지원한 부모님들은 장비를 갖추고 어린이집에 모여든다.

1층 한가운데 재료를 쌓아놓고 둥글게 앉으면 반마다 복장을 갖춘 아이들이 나와서 부모들 사이사이에 앉아 양념을 발라보고 배추 맛도 본다. 김장이 마무리되면 조리실에서는 돼지고기 수육과 갓 담근 김장을 배식한다. 이제 모두 김치도 잘 먹는 아이가 된다.

그 외의 활동들

그 외에도 교사들이 아이들과 함께 수확해 온 냉이나 쑥, 배추, 호박 등의 재료를 다듬어 놀이터 한 귀퉁이에 버너를 놓고 프라이팬을 올려 전을 구워주면 아이들은 놀다 쫓아와 입 벌리고 또 놀러 가고를 반복하며 먹는 즐거움, 노는 즐거움을 동시에 즐긴다.

때로는 재료를 집으로 보내 부모님과 요리해서 먹고 사진을 찍어 올리게 하고, 부모님과 함께 장을 보고 식품 인증 마크를 모으는 활동도 하게 한다.

매곡리 자연학교 유아생태텃밭 안내

매곡리 자연학교 텃밭 활동은 어린이들이 1년(사계절) 동안 땅과 흙, 자연에서 일어나는 일들에 함께 참여하는 프로그램입니다. 어떻게 보면 특별할 것도 없고, 새로울 것도 없어 보이는 것이지만, 싹을 틔우는 식물과 최종적으로 먹을거리를 만나는 신비하고 소중한 시간이 됩니다. 크고 넓지는 않지만 아이들이 함께 땅을 일구고, 퇴비를 섞고, 씨감자를 비롯한 씨앗과 모종을 심고 가꾸는 일을 통하여 생명을 경험할 수 있습니다. 더불어 매곡리 자연학교 곳곳에서 계절마다 할 수 있는 놀이는 덤이라고 할 수 있습니다.

아래에 농사 일정을 보내드립니다. 모든 일에 시기와 때가 있는 것처럼 농사는 더욱 그러합니다(하지만 기후위기로 변화된 날씨는 농사에 매우 큰 영향을 미칩니다). 되도록 농사 일정에 잘 맞추어 참여해주시기 바랍니다.

월	주간	텃밭 농사
3월		장 담그기
4월	1~2주	감자 심기
	3~4주	채소 씨앗 뿌리기
5월	1~2주	모종 심기
	3~4주	지주 세우기

6월	1~2주	모내기
	3~4주	감자 캐기
7~8월		여름방학
9월	1~2주	배추 심기, 무 씨앗 넣기
	3~4주	허수아비 만들기
10월	1~2주	장 가르기
	3~4주	벼 베기
11월	1~2주	탈곡하기
	3~4주	배추 수확
12월	1~2주	메주 만들기
1~2월		겨울 놀이

* 기타 안내사항

1. 흙살림 퇴비, 씨앗, 모종, 농기구 등은 자연학교에서 준비합니다.

2. 일회용품(나무젓가락, 종이컵, 컵라면 등)은 사용하지 않습니다.

3. 제철 먹을거리를 간식으로 먹습니다(봉지과자는 안 됩니다).

4. 쓰레기를 최대한 줄이고, 반드시 되가져 갑니다.

5. 예배실을 사용한 후에는 깨끗하게 뒷정리해주시기 바랍니다.

6. 이웃집 밭, 논의 작물들은 그냥 눈으로만 구경해주세요.

7. 안전에 항상 유의해주세요.

우리 어린이집의
식재료 원칙

처음 생태어린이집으로 전환을 시작하며 가장 먼저 바꾼 것이 급식이었다. 어차피 경제적 부담은 원에서 하는 것이니 굳이 부모를 설득하려 애쓰지 않아도 된다는 장점이 있었다. 잘 먹이겠다는 데 반대할 부모는 없다(그런데 냉동 돈가스, 햄이 없는 식단 때문에 항의가 들어온다는 원도 있다고 한다).

하지만 우리 원이 사립이기 때문에 사실상 굉장히 큰 부담을 짊어지게 된다. 정부의 지원이 있다지만 그것은 보육료일 뿐이고 실질적인 운영비 지원은 거의 없고 유치원처럼 급식비가 지원되는 것도 아니기 때문이다.

우리 원의 경우 지금까지는 규모가 있어 작은 어린이집보다는 상대적으로 부담이 적기는 하지만, 현실적으로 원에서 모든 것을 떠

맡기에는 무리가 따른다. 공산품의 경우는 장을 직접 보기도 하고 일부는 산지에서 사기도 하며 애를 쓰지만 그래도 힘들다. 애초에 잘해보려는 과잉 열정이 아니었나 약간의 후회도 하고 있다.

한우 국거리를 살 때면 손이 덜덜 떨린다. 불고기도 마음은 넓은 초원에서 자란 호주산 소고기로 맛있게 조리해서 먹이고 싶지만 내가 한 약속에 발이 묶여 되도록 소불고기를 메뉴에 넣지 않기로 했다. 그런데 알고 보면 착한살림에서 직접 만드는 두부가 더 비싸다.

급식비가 지원되는 유치원도 따지고 들면 먹고 남을 정도는 아니다. 제도적 지원이 아쉽기는 하지만, 우리가 이윤을 남기는 식당은 아니다. 그러니 계속해서 원칙을 지켜 나갈 것이다.

그렇지만 결과적으로 가장 가까이에서 지켜보는 교직원들이 근무하는 어린이집에 대한 믿음을 가지게 하였으니, 그것만으로도 충분히 가치 있는 일이다.

국산, 지역, 제철 식품
사용이 원칙

우리 어린이집에서는 일반 과자, 착색 음료수, 즉석식품, 조미료, 수입식품을 사용하지 않는다. 식재료는 할 수 있는 한 국산, 지역, 제철 식품을 쓰는 것을 원칙으로 한다.

단, 참기름만은 예외이다. 조리사는 비싼 국산 참기름을 아껴 쓰다 보니, 조리의 맛이 일정하지 않다며 불만을 제기했다. 결국 운영위원회와 논의 끝에 중국산 참기름을 일부 사용하기로 했다. 또 명태와 같은 수산물은 수입산을 사용할 수밖에 없다. 아이들이 좋아하는 달걀은 유정란을, 두부는 유기농 매장에서 직접 만든 제품을 사용하고 있다.

지역 유기농 업체인 '착한살림'은 든든한 조력자이다. 과거 달걀 파동이 있었을 때도 우리는 여전히 안전한 달걀을 사용할 수 있었고, 김의 방사능 문제가 논란이 되었을 때도 우리는 믿고 먹을 수 있었다. 처음부터 신뢰할 수 있는 공급처를 선정했기 때문에 가능한 일이었다.

물론 모든 급식을 유기농으로 준비하는 것은 현실적으로 어렵다. 하지만 가능한 건강한 재료를 선택하려고 노력하고 있다.

먹지 말아야 할 것을 안 먹기

먹는 것은 단순한 생존의 수단을 넘어, 아이들의 성장과 정서 발달에 큰 영향을 미친다.

고열량, 고단백의 가공식품이 넘쳐나고 있는 요즘이다. 이러한 음식을 자주 섭취한 아이들은 자기중심적 성향이 강하고, 감정 조절이 어렵고, 참을성이 부족한 경향이 있다고 한다. 이로 인해 소화기

질환과 아토피가 증가하며, 치과를 자주 찾는 아이들도 늘어나고 있다. 그렇기에 '먹는 것'도 안전의 영역으로 생각해야 한다.

'먹지 말아야 할 것은 처음부터 먹지 않아야 한다.'

우리 원의 모두가 함께하는 약속이다.

과자와 어린이용 음료수의 유해성은 이미 널리 알려져 있다. 실제로 식단만 바꿔도 아이들의 건강과 행동이 달라진다는 연구와 사례가 많다.

조금만 신경 써도 아이들은 건강하게 자랄 수 있다. 급식 외에도 나들이 도시락이나 생일잔치 등에 부모님이 보내는 음식들도 마찬가지이다.

초콜릿과 사탕을 주고받는 날도 예외는 없다. 기다란 과자를 나눠 먹는 날, 하원 후 어린이집 놀이터에서 놀다 뜯어먹고 봉지를 두고 간 다음 날에 입학할 때 한 약속을 잊지 말아달라는 알림글이 올라갔다.

나들이 가서 선생님이 보는 앞에서 꺼낸 어린이용 색깔 음료수에 당황한 씨영금 아이가 "엄마가 넣었나 봐요"라며 얼른 가방에 다시 넣고는 선생님 물을 나눠 먹었다. 엄마 아빠와 달리 아이는 평소 선생님의 먹을거리 안전교육을 잊어버리지 않은 것이다.

생일잔치하는 날에 잔치 음식으로 수입 바나나를 보냈다가는 "돌려보낼까요? 아니면 제가 다 먹을까요?"라는 전화를 받게 된다. 오리엔테이션 때 "먹지 않기로 한 음식을 보내시면 제가 다 먹어버릴 거예요!" 하고 미리 선언해두었다.

얼마 전에는 나들이하러 갔는데 다른 어린이집 아이들이 먼저 자리를 펴 놓고 있었다. 그런데 간식 시간에 과자를 나눠 먹고 젤리를 하나씩 쥐여주더니, 우리 아이들에게도 건네주었다. 우리는 아이들의 건강을 지키기 위해 그 자리를 떠나 다른 활동을 진행했다.

한 번쯤은 넘어갈 수도 있지 않으냐는 의견도 있지만, 약속을 지켜야 아이가 안전하다. 지금 한입의 단맛은 치명적이다. 젤리의 단맛을 아는 순간 채소의 단맛은 느낄 수 없게 된다.

생태어린이집 운영을 꿈꾸는 원장님께

만약 생태어린이집 운영을 꿈꾸는 원장님이 있다면, 모든 것을 완벽하게 하려 하기보다 '먹지 말아야 할 것'부터 줄여 나가라고 조언하고 싶습니다.

가공식품이나 첨가물이 많은 음식을 줄이고, 계절에 맞는 신선한 식재료를 활용하는 것부터 실천해볼 수 있습니다. 이렇게 하나씩 실천 가능한 변화를 만들어가면, 점차 아이들이 자연스럽게 건강한 음식과 친숙해집니다.

오늘 아이에게 건네는 한 끼의 밥상이 그들의 몸과 마음을 자라게 합니다. '잘 먹는다'는 건 단순히 입을 크게 벌리고 음식을 삼키는 일이 아닙니다. 진짜 잘 먹는 아이는 누군가의 수고를 알고, 땅의 숨결을 알고, 재료의 소중함을 압니다.

꾸준한 영양·편식 예방 교육으로
변화 불러오기

우리 원의 급식 관리는 10년 동안 문혜진 영양사가 맡고 있었다. 그분도 처음 왔을 때는 쉽게 적응하지 못했다. 병원과 보건소에서 일한 경력 탓에 육류를 줄이고 두부·콩 위주의 단백질 식단을 도입하는 것을 낯설어했다.

하지만 함께 공부하고 실천하면서, 제대로 먹고 제대로 노는 아이들의 모습을 지켜보며 조금씩 변했다. 본인이 더 열심히 실천할 정도였다. 저탄소 식단을 시도하며 '고기 없는 날'을 만들기도 했다.

그러나 한 가지 과제가 남았다. 채소 위주 식단이 아이들에게는 단조롭게 느껴질 수 있다는 점이었다. 그래서 우리 영양사는 카레에 브로콜리를 곁들이는 식으로 어울리지 않을 것 같은 식재료들의 만남을 주선했다. 처음에는 어색한 조합이었다. 하지만 아이들의 반

움사랑생태어린이집의 겨울 식단표

요일	월	화	수	목	금
식단 테마	장 건강에 좋은, 현미밥 먹는 날!!	저탄소 식사, 고기 없는 날!	키가 쑥쑥!! 칼슘이 풍부한 바다음식!!	한그릇 음식, 잔반 없는 날!	우리 아이들이 좋아하는 밥상!!
일	4	5 〈6, 7세 매곡리〉	6 〈김장잔치〉	7	8
오전 간식	타락죽②	참깨죽	참치당근죽	땅콩죽④	흑임자죽
점심	현미밥 달걀조랑떡국①⑤⑥ 닭살데리야끼조림⑤⑥⑮ 김구이⑤ 깍두기	차조밥 오징어뭇국⑤⑥⑰ 들기름두부구이/양념장⑤⑥ 시금치나물 배추김치	기장밥 부추수제비국⑤⑥ 돼지고기수육⑩ 상추쌈/견과류쌈장⑤⑥ 김장김치	고기 듬뿍! 유니카레②⑤⑥⑩⑫ 콩나물국⑤⑥ 로제떡볶이①⑤⑥⑫⑮ 배추김치 과채주스	흑미밥 황태뭇국⑤⑥ 당근달걀말이①⑤ 숙주나물무침⑤ 배추김치 치즈②
오후 간식	배 우유②	잔기지떡 과채주스	유기농 콘프레이크 우유②	귤	찐감자 우유②
일	11	12 〈5세 매곡리〉	13 〈생일잔치〉	14	15
오전 간식	누룽지죽	영양잡곡죽	검정콩죽⑤	고구마죽	단호박죽
점심	현미밥 두부근대된장국⑤⑥ 메추리알버섯조림①⑤⑥ 미역줄기볶음⑤ 깍두기	보리밥 달걀시금치국①⑤⑥ 마파두부조림⑤⑥⑩ 콩나물무침⑤ 배추김치	수수밥 북어미역국 소고기떡불고기 배추된장나물 샤인머스켓 깍두기	돈육콩나물무밥/양념장⑤⑥⑩ 팽이버섯된장국⑤⑥ 멸치땅콩볶음④⑤⑥ 배추김치	팥밥⑤ 바지락순두붓국⑤⑥⑱ 부추스크램블드에그① 파래배무침 배추김치
오후 간식	배 우유②	찐고구마 과채주스	삶은유정란① 우유②	우리밀소보루빵①②④⑤⑥ 과채주스	사과 우유②
일	18	19	20	21	22 〈동지&성탄〉
오전 간식	타락죽②	달걀브로콜리죽①	두부죽⑤	참깨죽	귤
점심	현미밥 무챗국⑤⑥ 유자청돼지불고기⑤⑥⑩ 알어묵버섯볶음⑤⑥ 배추김치	흑미밥 들깨미역국⑤⑥ 두부구이/양념장⑤⑥ 오이참깨무침 배추김치	검정콩밥 감자배춧국⑤⑥ 매생이달걀말이①⑤⑥ 연근조림⑤⑥ 깍두기	찹쌀밥 한방닭백숙⑮ 달콤감자조림⑤⑥ 브로콜리참깨무침 배추김치 과채주스	기장밥 하트어묵우동⑤⑥ 수제돈가스/소스⑤⑥⑩ 양배추샐러드&흑임자드레싱①⑤ 배추김치 산타모자케이크①②⑥
오후 간식	귤 우유②	절편 과채주스	찐고구마 우유②	사과	동지팥죽⑤

2025년 12월 | 작성: 영양사 김희진

응은 예상을 뛰어넘었다. 처음 한두 번은 "어? 이게 뭐예요?"라며 의아해했지만, 의도치 않은 새로운 맛의 경험이 아이들의 입맛을 더 넓혀주었다.

더불어 아이들과 부모를 대상으로 꾸준히 영양교육, 편식 예방 교육도 하였다. 그저 좋은 것을 주려고 노력하는 것만으로는 부족하다. 왜 이렇게 먹어야 하는지, 왜 이런 재료가 좋은지 교육이 이루어진다면 더 빠른 의식 변화가 일어나 결국 실천하기가 쉬워진다.

영양가 높고 건강한 먹을거리를 구입하려고 산지에서 직접 구매하거나 식자재 업체를 비교하고 분석하며 애쓰는 노력도 계속하고 있다. 건강한 먹을거리는 거창한 변화가 아니라, 이런 작은 지점에서부터 시작된다.

봄 긴 나들이 후 이루어진
김밥과 영양교육

얼마 전 봄 긴 나들이를 다녀온 뒤, 교사 평가회에서 이런 이야기가 나왔다. 집에서 싸온 김밥에 햄·맛살·소고기만 있고 채소가 없었다는 거였다. 부모는 아이가 채소를 꺼려서 김밥을 남길까 봐, 괜히 힘들게 싸준 김밥이 버려질까 봐 걱정했을 것이다.

이 걱정은 영양사의 알림글로 이어졌다.

안녕하세요? 움사랑생태어린이집 영양사입니다.

지난 학기 봄 긴 나들이 때 아이들 김밥 준비하시느라 부모님들 고생 많으셨지요? 혹여나 아이들이 김밥을 못 먹고 남기면 어쩌나, 힘들게 싸신 김밥이 버려지면 어쩌나 걱정하셨을 그 마음 잘 압니다. 우리 아이들은 부모님께서 애써 준비해주신 도시락을 통해 사랑을 다시 한번 느끼고, 자랑스럽게 이야기합니다. 그런데 소풍을 가면 싱그러운 자연 풍경 덕분에 평소보다 식욕이 돋아 김밥 속 채소도 잘 먹습니다. 그래도 아이들이 더 잘 먹으면 좋겠지요? 부모님들께 도움이 되고자 김밥 레시피를 공유합니다.

이 레시피를 바탕으로 아이들이 좋아하는 재료에 채소 한 가지 이상은 꼭 넣어주시면 어떨까요? 골고루 먹을수록 아이들의 식생활은 더 건강해집니다.

마지막으로, 아이들이 김밥을 잘 먹는 가장 좋은 방법은 부모님과 함께 꼬마김밥을 직접 만들어보는 것입니다. 주말에 함께 김밥 만들기를 해보시기를 권합니다.

우리 부모님들, 화이팅입니다! ^^

그리하여 채소가 듬뿍 들어간 레시피가 공유되었다.

우리 원 아이들이 많이 먹는 까닭

우리 원 아이들은 대부분 잘 먹는 편이다. 편식이 심한 아이들도 몇 년을 다니다 보면 조금씩 나아진다. 물론 알레르기가 있는 아이들은 별도의 대체식으로 영양사 선생님이 직접 관리한다.

양도 많이 먹어 쌀이 빨리 떨어진다. 집에서는 어떤지 모르겠지만, 다른 원과 비교하면 확실히 차이가 난다. 우리 아이들은 왜 밥을 많이 먹을까? 모두에게 그 까닭을 물어보았다.

1. 맛있는 종자로 농사지어 달마다 한 번 바로 찧는 쌀이라 맛있다. ─ 계약재배 중인 매곡리 농부 어르신들

2. 묵은쌀은 밥을 하면 잘 불어나는데 새로 찧은 쌀은 불지를 않는다. ─ 과학적인 근거로 조리사님

3. 많이 뛰어놀아 배가 고플 수밖에 없다. ─ 교사

4. 움사랑 아이들은 원래 밥돌이다. ─ 나들이 가서 한 솥이면 될 밥을 두 솥을 먹어 밥하느라 당황한 화왕신 숲속에 ·옹 달샘(서영예)

5. 배가 고파서. ─ 아이들

6. 어쩌겠나, 이왕 먹는 거 많이 먹고 보자. ─ 원장

고기는 덜고, 채식은 더하고

10년간 움사랑생태어린이집에서 근무한 우리 영양사는 영양 관련 강연을 하는 강사로도 활발하게 활동하고 있다. 그가 〈오마이뉴스〉에 기고한 글을 보면 채식이 우리 지구에도 얼마나 도움이 되는지를 알아볼 수 있다.

기후 미식Klimagourmet은 독일 프랑크푸르트에서 열린 '기후 미식 주간Klimagourmet-Woche'에서 처음 소개된 개념(출처: Klimagourmet.de)으로 온실가스 배출을 줄이고 지속 가능한 식생활을 실천하는 것을 목표로 한다. 이 캠페인은 제철 및 유기농 식재료, 지역 농산물, 채식, 음식물 쓰레기 감소 등을 실천 기준으로 삼는다. 또 환경을 고려한 식문화를 널리 전하기 위해 어린이를 위한 기후 미식 전시회와 워크숍도 진행하고 있다.

2019년 IPCC(유엔 기후변화에 관한 정부 간 협의체) 〈기후변화와 토지〉 보고서에서는 전 세계가 동물성 식품을 완전 채식으로 전환하면 2050년까지 해마다 약 80억 톤의 온실가스를 줄일 수 있다고 예측했다. 즉 작은 한 끼의 선택이 지구의 내일을 바꿀 수 있다는 의미이다. 하지만 동물성 식품은 식물성 식품에 부족한 비타민 B12, 철분(헴철), 아연, 오메가-3(EPA, DHA) 등을 공급하고 체내 흡수율이 높아 특히 성장기 아이들에게 필수적인 만큼 동물성 식품, 식물성 식품을 균형 있게 섭취해야 한다. 그렇지만 육류 섭취를 줄이고 곡류, 콩, 견과류와 같은 식물성 식품으로 대체하면 건강한 성장에 도움이 되고, 온실가스를 줄이는 작은 실천이 될 수 있다.

움사랑생태어린이집에서는 비빔밥처럼 '잔반 없는 날(한 그릇 음식)' 외에도 주 1회 '고기 없는 날'을 지정해 잡곡밥, 두부 요리, 된장찌개, 채소쌈과 같은 전통 음식을 제공한다. 이러한 먹을거리는 기후 미식의 취지와 맞닿아 있다.

— 〈오마이뉴스〉 발췌, 문혜진

어린이들의 작은 실천, 기후 미식

한겨울, 아이들은 익은 콩을 절구에 빻아 메주를 만든다. 따뜻한 봄이 되면, 겨우내 찬바람을 맞으며 숙성한 메주로 된장을 직접 담그며 고유한 풍미를 기억에 새긴다. 해마다 3월, 장독이 가득 채워지면 아이들의 미각에도 맛에 대한 추억이 차곡차곡 쌓인다.

요리 수업도 진행한다. 호랑이콩, 제비콩, 아주까리 밤콩 등 이름만큼 토종콩의 알록달록한 색과 무늬는 아이들에게 마냥 신기하다. 시각, 청각, 후각, 미각, 촉각의 오감을 총동원해 탐색하고 언어로 표현하며 건강한 미각을 기른다. 아이들은 마치 전문 요리사라도 된 듯 콩을 입에 넣어 맛을 평가한다.

쿠키와 버거처럼 인기 있는 음식을 두부로 만들어보면 아이들

버거 만들기에 열심인 아이들

의 흥미가 높아진다. 싹둑싹둑 재료를 자르고, 조물조물 요리하여 맛을 찾아가는 과정에서 아이들의 미각의 깊이도 더해진다. 편식 장벽이 철옹성 같았던 콩도 맛있는 음식으로 경험하면서 자연스럽게 친숙해진다. 콩으로 만든 음식을 꾸준히 즐기는 것은 아이들의 건강한 성장뿐만 아니라 식물성 단백질 섭취를 늘리는 좋은 출발점이 된다.

어릴 때부터 채식 환경 접해야

지속 가능한 미래를 위해서는 어릴 때부터 자연스럽게 채식 환경을 접하는 것이 중요하다. 전통 음식을 급식으로 맛보고 이를 활용한 요리를 직접 만들어보는 과정은 고기와 가공식품 중심의 현대 식문화에서 건강한 식생활 기준을 세우고, 이를 스스로 지킬 힘을 길러준다. 우리는 20년 전부터 그 기준을 한결같이 묵묵히 지켜오고 있다.

주 1회 '고기 없는 날'을 제외한 다른 날에는 고기를 충분히 섭취한다. 한때 고기가 더 많았으면 좋겠다는 부모님의 바람도 있었지만, 건강한 지구와 아이들의 미식 경험을 위해 함께 설득하고 공감하고 있다. 이것이야말로 가치 있는 일이라고 느낀다.

채식 환경뿐 아니라 우리 밀, 지역 농산물, 친환경 식품(두부, 콩나물, 숙주, 미역, 멸치, 다시마, 소금, 옥수수, 김치 재료 등)을 사용하는 것도 같은 맥락이다. 생명력 가득한 기름진 땅에서 건강하게 자란 재료를 급식에 활용하고, 아이들이 그것을 먹고 자라면서 토양을 지키고 되살리는 선순환이 어린이집 구성원 모두의 협의 속에서 자연스럽게 이루어진다.

어린 시절부터 채식 환경과 전통 음식을 접하는 경험은 아이들이 스스로 건강한 음식을 선택할 수 있는 바른 입맛을 길러준다. 다섯 가지 식품군(곡류/고기·생선/채소/과일/유제품)을 골고루 섭취하는 균형 잡힌 건강한 식습관을 형성하도록 돕는 것이다. 여기에 지역 농산물, 우리 밀, 친환경 식품까지 더해지면, 자연과 환경을 존중하는 의식까지 스며들어 아이들이 우리 삶의 터전인 지구와 상생하며 살아갈 밑거름이 된다.

이것이 바로, 어느 꼬마들의 오래된 기후 미식 이야기이다.

그림 그리고 싶대서 선생님이 분필을 줬더니

안 보는 새 미끄럼틀을 파랗게 칠하고 있더랬어요.

"너희 원장선생님한테 이른다!" 했더니 한 아이가 이렇게 말합니다.

"비 오면 다 지워져요."

"비 안 오면 어떻게 할래?"

"노래 부르면 비 온다고 선생님이 그랬잖아요!"

그러면서 〈비가 온다 둑 둑〉 노래를 부릅니다.

아이고, 이제 말로는 못 이기겠습니다.

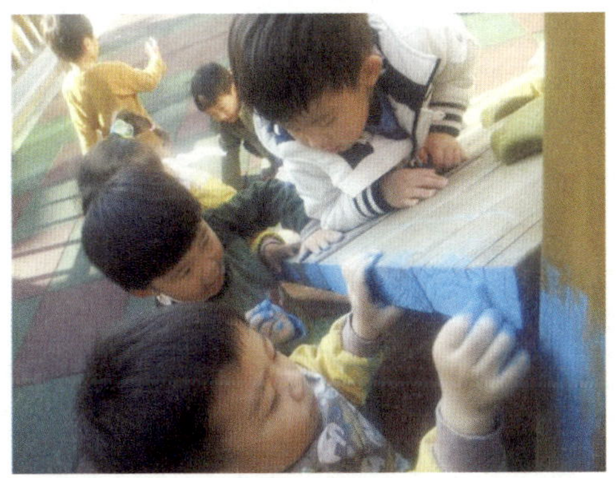

비가 오면 낙서한 거 다 지워진다는 아이들

생태교육을 만드는 사람들

06

생태어린이집의
부모와 교사

부모는 교육의 동반자이면서 한편으로는 소비자이다. 교육비 결제가 부모가 가진 카드로 국가에서 지불하는 형태로 바뀌면서 어떤 부모는 스스로를 결제자라고 부르기도 했다. 이미 많은 부모가 본인을 결제자라고 여기고 있는 상황에서 호칭을 다른 무엇으로 바꾼다고 해서 달라지는 것은 없다.

하지만 이런 관계에서는 제대로 된 교육을 하는 것이 어렵다. 이대로라면 '비용을 낸 만큼의 보상을 받았는가', '비용을 낸 이상의 보상을 원하고 있다' 같은 식의 갈등이 끊이지 않을 것이기 때문이다.

부모가 교사를 믿고, 교사가 부모의 마음을 헤아릴 때 아이는 한결 편안해진다. 완벽한 교사도, 완벽한 부모도 없지만, 함께 배우고 자라려는 마음이 우리를 성장시킨다. 아이들이 자라듯 우리도 자라며, 열린 마음으로 서로를 바라보는 이 시간이 결국 '함께 걷는 사람들'의 길이 된다.

열린 마음, 열린 어린이집

어린이집에 CCTV 설치 의무화가 시작된 지 얼마 되지 않았던 때에
있었던 일이다. 새로 입학한 지 몇 달 안 된 싹틔움(두 살)반 아이 하나
가 집에 가서 선생님이 때렸다고 말했다. 부모는 CCTV부터 보기를
원했다. 열람 신청서를 작성하면 원에서 지정 기간의 영상을 준비하
여 10일 이내 지정된 날 원에 방문해야 한다는 절차를 안내하자, 이
미 믿음이 깨져 있던 부모는 그 자리에서 경찰에 신고를 했다. 담당
부서에서 원을 방문했고, 경찰이 원에서 안내한 절차가 정당하다고
하자 부모는 그 절차를 따르기로 동의하였다.

영상은 60일 저장이 원칙이다. 공교롭게도 기계 고장으로 앞의
일주일치 영상이 저장되어 있지 않다는 것을 발견하였다. 담당 업체
직원이 저장 기능의 고장을 부모가 보는 앞에서 확인시켜 주었고 기

록을 남겼다. 남은 50여 일치의 영상을 경찰과 함께 돌려봤으나 특별한 점을 발견하지 못했고, 부모는 교사에게 사과하고 돌아갔다.

그러나 부모는 그전의 기록을 보지 못했다며 사과와 별개로 의심을 풀지 않았다. 그 과정에서 부모는 아이가 학대받았을 가능성에 불안해했고 원의 모든 교직원 또한 말로 표현할 수 없을 만큼 힘들었다. 어린이집은 영상을 제대로 보존하지 못했다고 벌금과 2년간 각종 지원에서 제외되었다. 담임교사는 2월 말로 사직하였다.

우연이었겠지만, 교사는 그해 7월 말에 뇌출혈로 사망하였고 조문을 가자 상주는 "원에서 받았던 스트레스로 힘들어했다"는 말을 전했다.

이 일을 계기로 우리는 많은 생각을 하게 되었다.

문제는 CCTV가 아니라 신뢰의 부재였다. CCTV가 있다는 것 자체가, 아이들과 교사들을 믿지 않는다는 뜻이 아닌가. 그렇다면 카메라를 없애면 어떨까? 카메라 없이 대신 무엇으로 신뢰를 만들 수 있을까?

교사를 지키는 일, 아이를 지키는 일

아이가 처음 만나는 기관인 어린이집에는 반마다 여러 아이들과 교사가 함께 있다. 하지만 모두가 처음 만난다. 부모는 소문을 듣고, 소개를 받고, 검색을 해보며 아이를 보낼 좋은 어린이집과 유치원을 고르지만, 겪어보지 않는 이상 알 수 없다.

생판 모르는 남에게 그저 '국가가 공인한 기관'이라는 최소한의 믿음으로 아이를 맡겨놓는 부모는 어떤 마음일까? 신뢰가 관계의 기본이라지만, 무조건 믿기에는 맡겨놓은 존재가 너무 귀하다.

또 좋은 교사가 되고 좋은 원이 되기 위해 애쓰는데 수시로 의심을 받는 상황에 처하는 우리는 어떻게 해야 할까? 이 사건을 통해 우리는 깨달았다. 이대로는 안 된다. 어떤 식으로든 방법을 찾아야 한다고.

교사가 행복해야 아이가 행복하다

먼저, 교사가 전문성을 가진 교사다움으로 제대로 된 자리에 서야 한다고 생각했다.

지금은 많이 달라졌지만, 예전에는 교사들의 초과 근무가 당연한 일이었다.

이 관행을 바꾸어야 했다. 초과근무가 미덕이 되고 개인 시간이 침해받는 것을 정상으로 여기지 않기로 했다. 남들보다 조금이라도 일찍 퇴근하도록 했고, 퇴근 후에는 부모의 연락을 받는 일이 없도록 했다. 개인 휴대폰 사용이 당연시되는 상황에서 번호 공개를 금지시켜 원의 사무용 전화로만 연락이 가능하도록 하였다.

지금은 앱으로 알림장을 보내는데, 퇴근 후에는 열어보지 않도록 하고 무단으로 부모에게 댓글을 달거나 알림글을 쓰지 못하도록 하고 있다. 대신 학기 초에 내 개인 휴대폰 번호를 공개하여 급한 연락을 주고받는다.

교사와 부모의 관계가 계속 좋을 수는 없다. 갈등이 생기면 교사는 약자가 된다. 본인을 결제자로 알고 있는 부모에게 아이를 원에 보낸다는 것이 권리가 되는 경우가 있다. 모두에게 좋은 교사인데도 유독 어느 부모에게는 나쁜 교사가 되고 이상한 교사가 되는 일도 있다. 사소한 오해가 커져서 힐난을 받기도 한다.

우리는 계속 아이들과 함께하여야 한다. 잘못이 있다면 고쳐나가고 오해는 풀어야 하겠지만, 그 상황을 교사 혼자 해결하도록 두지는 않는다. 교사가 안심하고 아이들과 오래 함께하려면 책임지는 누군가가 분명히 있어야 하고 앞에서 비바람을 막아주는 이가 있어야 한다.

부모가 행복해야 아이가 행복한 것처럼 교사가 행복해야 아이가 행복하다. 교사는 아이들에게 최선을 다하고 부모와는 아이를 두고 만난 예의를 지키는 관계여야 한다. 서로 최선을 다하되 선을 지켜야 한다.

원을 활짝 열기로 했다

이러한 신뢰를 기반으로, 우리는 원을 활짝 열기로 결정했다. 있는 그대로 공개한 상태에서 함께 꾸려 나가기로 한 것이다.

영아반의 경우 적응 과정은 부모가 함께한다. 등원은 부모가 직접 교실까지 가서 교사에게 인사하고 아이를 들여보낸다. 하원은 현관에서 인터폰을 하고 아이가 준비하는 동안 교실 문 앞에서 기다리게 했다.

교사가 하면 업무이지만 부모가 할 때는 참여가 되는 행사들은 부모의 도움을 받았다. 삼짇날은 아이들이 교실에서 빚은 화전을 부모들이 모여 구워준다. 김장을 담글 때도 부모들이 둥글게 모여 앉아 있으면 아이들이 사이사이 끼어 앉아 함께 치대고 양념한 김치를 맛보게 한다. 긴 나들이를 갈 때 점심으로 먹을 김밥은 조리실에서 재료를 준비해두면 미리 도우미로 신청한 부모가 모여 말고 썰고 담아 간다.

반마다 한 명씩 운영위원을 뽑아 수시로 회의를 하고, 때로는 확대해서 회의에 원의 부모 누구나 참여 가능하도록 하기도 한다. 운영위원회는 단순히 특정 부모의 모임이 아니다. 아이들의 먹을거리의 질을 점검하고, 부모교육의 주제를 제안하며, 원의 예산이 아이들을 위해 어떻게 쓰이는지 함께 의논한다. 회의 때는 아이들의 일상에 대한 깊이 있는 대화가 이루어진다. 예를 들어, "올해 소풍 장소는 아이들이 마음껏 흙을 만질 수 있는 곳이면 좋겠다"거나 "어린이날 잔치 때 어른들이 보여줄 연극은 이런 주제가 어떨까?" 같은 이야기를 나눈다.

운영위원이 주축이 되는 소모임 활동은 움사랑의 자랑이다. 어

원 잔치에서 연극을 한 부모님들

린이날이나 원의 잔치가 다가오면 부모들은 스스로 '기획자'이자 '배우'가 된다. 인형극을 연습하고, 퍼레이드 의상을 만들며 아이들보다 더 설레어하는 부모의 모습은 그 자체로 아이들에게 큰 교육이 된다. 준비 과정이 필요하면 원의 사무실을 기꺼이 내어준다. 연습 중간중간 아이들의 급식 재료로 만든 소박한 점심을 나눠 먹으며 부모들은 서로의 삶을 나누는 '동네 이웃'이 되어간다.

이렇게 운영위원회를 통해 원의 속사정을 깊이 알게 된 부모들은 더 이상 '소비자'로 머물지 않는다. 원에 어려움이 생겼을 때 가장 먼저 손을 내미는 든든한 지원군이자, 교사와 함께 아이를 키우는 진정한 파트너가 되는 것이다.

교사가 어떤 사람인지
부모가 알아야 한다

아이를 훈육할 때 무엇을 중요하게 생각하는지, 특정한 말투나 버릇이 있는지 등을 알고 있다면 부모가 모를 수밖에 없는 상황에서 생기는 일들을 오해 없이 받아들일 수 있다. 이를 위해 정규 과정 시간 외에 알림장이나 상담 신청을 통해 교사와의 소통이 이루어지게 했다.

물론 노력만으로 모든 문제가 사라지는 건 아니다. 문을 연다는 건 약점도 고스란히 노출되는 일이다. 오해를 부르는 말이나 행동이 그대로 노출될 수 있다. 하필 부모가 보고 있는 그 순간, 교사가 아이를 야단치거나 점심시간에 식판의 배식량이 적을 수 있다. 그 배경을 모르는 부모는 의심을 하고 불편할 수 있다.

그러면 안 되는 일이지만, 모든 교사가 다 완벽할 수는 없다. 이제까지 그래왔기 때문에 혹은 잘못된 행동이라고 알려주는 이가 없었기 때문에 실수하는 교사도 있다. 때로는 관리자가 열심히 살펴보고 다녀도 눈에 띄지 않기도 한다. 애초에 믿음을 줄 시간이 없었거나 믿고자 하는 의지가 없는 부모는 불편한 상황을 발견했을 때 본인이 할 수 있는 가장 강력한 방법을 찾아 아이를 지키려들 수 있다.

하지만 그런다고 이제 와서 문을 닫아걸 수는 없다. 방법은 끊임없이 함께 고민하고 대화하며 해결하는 것이다. 잘하고 있는 교사를 지치게 하고 주눅 들게 하면 안 된다. 오해라면 분명히 풀어야 한다. 잘못된 행동은 알려주고 지적하고 수시로 지켜보며 개선해 나가야 한다. 때가 되면 본인이 고치고 더 나은 교사가 되거나 이 직종을 떠나게 된다.

나는 이것이 오히려 보이지 않는 곳에서 벌어지는 많은 사건을 막고 근거 없는 의심을 받지 않을 수 있는, 부모와 교사 모두가 행복해질 수 있는 길이라고 생각한다.

이제는 그런 노력이 어느 정도 통했다고 말할 수 있다. 아침저녁으로 만나는 교사에 대해 오해 없이 판단이 가능하고, 혹시 불편한 상황이 있으면 내게 찾아와 의논한다. 불편한 점이 오해인지, 아니면 원의 미숙한 운영 탓인지, 교사 능력 부족인지에 따라 다른 대처를 한다. 아니라고 굳이 변명할 필요도 없다. 오해는 풀면 되고 인정할 것은 인정하고 함께 고쳐 나가면 된다.

외부에서 빚어지는 오해들도 내부 사정을 미리 알고 있는 부모들로 인해 큰 여파 없이 빠르고 조용히 해결된다. 필요하면 운영위원회를 통해 공론화하여 의견을 모은다. 결정적으로 최근 몇 년간 안전사고 외에 CCTV를 이용한 갈등 해결이 거의 없어졌다.

나는 같은 일을 하는 동료들을 만날 때 고민하지 말고 활짝 열라고 권한다. 약점을 강점으로 만들 수 있다.

다만 천천히 진행해야 한다.

우리 원의 경우 완전히 열기 전부터 어느 정도 부모의 참여도를 높여놓았다. 준비가 채 되지 않은 상태에서는 교사를 눈치 보게 만들고 부모를 불안하게 만들 수 있다. 힘들고 어려운 일이지만 그래도 우리 아이들을 위해 조금 더 애써보자. 함께 가야 멀리 오래 잘 갈 수 있다.

알림장, 소통의 창구이자 신뢰의 통로

알림장은 아이의 하루를 부모와 나누는 창구이다. 그것만이 전부가 아니다. 알림장은 교사와 부모 사이 신뢰의 통로이기도 하다. 기록을 통해 아이를 이해하고, 소통을 통해 신뢰를 쌓는 매체이다.

하지만 알림장은 아이를 잘 돌보고 있음을 보여주는 수단이지, 교사의 헌신을 입증해야 하는 장부가 아님을 명심해야 한다.

한국보육진흥원 조사(2023)에 따르면, 부모가 알림장에서 가장 알고 싶어 하는 것은 아이의 감정 상태(71.2%), 그다음은 사회성 발달(64.3%), 그리고 식사·수면 등 기본 생활(68.5%)이다.

한마디로 부모는 '내 아이가 오늘 잘 지냈는지'를 알고 싶어 한다. 특히 아직 아이가 언어로 표현하기 어려운 영아반 부모들은 더욱 그렇다. 온 가족이 앱을 공유하며 아이의 알림장을 기다린다. 한순간도 놓치고 싶지 않은 아이의 하루가 그 안에 있기 때문이다. 예전에는 수기로 일일이 기록하고 사진을 인화해 붙였다. 요즘은 앱 덕분에 손으로 쓰지 않아도 되지만, 오히려 사진은 더 많아지고 글은 길어졌다. 커뮤니티에서는 알림장을 비교하며 "우리 아이만 없네", "왜 뒷모습만 있지?" 하는 반응이 생긴다. 이런 분위기는 교사를 알림장의 노예로 만들기도 한다. 하지만 기록을 남김으로써 오해가 줄고, 소통이 원활해지는 것도 사실이다. 특히 결과물이 적은 생태어린이집일수록 꾸준한 소통으로 신뢰를 쌓아야 한다.

우리 원 알림장의
세 가지 원칙

첫 번째는 업무와 개인 시간의 구분이다. 교사는 오후 7시 이후 원칙적으로 알림장을 새로 보내거나 답글을 달 수 없다. 그 이유는 교사도 인간이기 때문이다. 열심히 일하고 집으로 돌아가서 자기 시간을 잘 보내는 교사가 아이들에게도 충실하다.

번아웃된 교사는 아이를 제대로 돌볼 수 없다.

급한 일이 있다면? 부모는 원장의 번호로 연락하면 된다.

두 번째는 사진은 전체 상황을 보여주기 위해 찍는다는 사실이다. 독사진은 예쁘다. 한 아이의 예쁜 순간을 잘 담은 사진은 부모의 마음을 기쁘게 한다. 하지만 계속 같은 아이만 찍다 보면, 부모들은 묻는다. "우리 아이는 왜 이번엔 없어요?", "우리 아이는 왜 뒷모습만 있어요?"

그래서 우리는 방향을 바꿨다. 전체 상황 사진으로.

이렇게 하는 것이 오히려 교사의 부담을 줄여준다. 아이를 공평하게 담아야 한다는 압박을 덜고, 교사가 아이들의 놀이 순간에 더 집중할 수 있기 때문이다.

또 첨부 사진은 다섯 장으로 제한한다. 마음 같아서는 세 장 정도로 줄이고 싶지만 교사들의 자율에 맡기고 있다.

세 번째는 아이의 목소리 담기이다. 알림장에 적는 내용은 보통 전체적인 반 상황과 놀이 상황 몇 줄, 그날의 인상적인 아이 이야기 하나 또는 둘, 기분, 식사, 수면, 배변 등의 기본 정보이다.

형식은 비슷하지만, 우리가 가장 중요하게 여기는 것은 '우리 아이가 오늘 뭘 했는가'가 아니라 '우리 아이가 오늘 어떤 순간을 만났는가'가 드러나야 한다는 것이다.

수요일은 알림장 쉬는 날

"선생님, 오늘은 왜 알림장이 없나요?", "하루도 빠짐없이 알림장을 받고 싶어요. 아이가 어떻게 지냈는지 매일 궁금해요."

학기 초 수요일이 되면 자주 받는 질문이다.

우리 어린이집은 일주일에 하루, 수요일은 알림장이 없는 날이다. 이날은 기본 상태 메시지 외에는 사진이나 알림글을 올리지 않는다. 여러 번 오리엔테이션과 알림글을 통해 안내했지만, 기다리는 부모 마음은 다르다.

담임교사는 흔들린다. 자신이 맡은 아이의 부모 마음을 알기에 부탁 앞에서 "안 됩니다"라고 말하기 어렵다.

그럴 때 나는 말한다. "우리 원의 원칙입니다."

물론 알림장을 쉰다고 교사가 쉬는 건 아니다. 수요일은 방과 후 회의나 연수로 가장 바쁜 날이기도 하다.

기다리는 부모에게 미안한 마음에 연수 중인 사진을 올리는 교사도 있다.

신뢰 위에 세우는 소통

알림장은 신뢰를 기반으로 하는 소통의 장이다.

잘못된 점을 발견했다면 분명히 밝히는 게 좋다. 그래야 오해라면 풀 수 있고, 실제 문제라면 함께 고칠 수 있다. 알림장에 불만을 표현했다고 해서 원장이 담임에게 불이익을 주지는 않는다. 한 기관을 오래 운영해온 원장이 문구 하나로 누군가를 오해하거나 미워할 만큼 생각이 짧지는 않을 것이다.

할 말은 해야 하고, 안 하는 것이 오히려 문제가 될 수 있다.

우리는 교사인지라 되도록 예의를 갖추고 이모티콘이나 줄임

말은 사용하지 않도록 하고 있다. 그러다 보니 딱딱하게 여겨질 수 있다. 내 경우도 문자에 이모티콘이나 기타 감정 표현을 잘 하지 않고 단답을 하는 경우가 많아 다시 확인 전화가 오기도 한다.

이것은 평소에 상대가 어떤 표현을 하고 어떤 성향인지 자주 만나 알고 있어야 오해가 없다.

그래서 나는 부모에게 등하원을 직접 하며 교사를 자주 만나라고 권한다. 또 급한 일, 예를 들어 아이가 구토했거나 특이한 증상이 있을 때는 반드시 알려야 한다. 혹시 불만처럼 들릴까 염려된다면 글머리에 "궁금해서요"라는 뜻의 한마디만 덧붙이면 된다.

알림장 사진을 기다리는 부모님께 — 3월에 보내는 원장의 글

많은 사진을 찍어 올리는 대신 제가 이 반, 저 반 살펴보다 예쁘고 재미있는 모습을 발견하면 찍어 올리도록 하겠습니다. 편집하거나 골라서 올리지는 않는 관계로 미리 몇 가지 당부드리겠습니다.

1. **내 아이가 안 보여도 섭섭해하지 마세요.** 지금 그 친구는 더 재미있는 활동을 하거나 혼자 있고 싶어졌거나, 혹은 화장실을 갔을 겁니다.
2. **내 아이가 즐거워 보이지 않는다고 걱정하지 마세요.** 지금 그 친구는 정말 즐겁지 않거나(그럴 수도 있지요), 즐거웠던 시간을 놓치고 촬영하였거나, 카메라가 이상하거나 그럴 거예요.
3. **선생님이 다른 친구만 보고 있다고 섭섭해하지 마세요.** 지금 그 선생님은 정말 다른 친구만 보아야 할 까닭이 있거나, 내 아이를 보고 있던 순간은 놓치고 촬영하였거나, 그럴 겁니다.
4. **내 아이 반만 빼고 다른 반 영상만 자꾸 올라온다면 항의하셔도 됩니다.** 찍다 보면 그 순간 안 보이는 반들이 있습니다. 아마 한 곳에 얌전히 있지 않는 아이들과 선생님 때문에 그럴 겁니다. 항의하시면 한 번 더 가보도록 하겠습니다.

처음 우리 원을 방문하는
부모님에게 해주는 말

어린이집은 아이가 태어나 처음 만나는 교육기관이고, 그곳에서 첫 선생님을 만난다. 그래서 부모는 검색하고, 소문을 듣고, 추천을 받고, 고르고 또 골라 인터넷에서 내려받은 질문 리스트와 점검표를 들고 방문한다.

나는 입학 상담의 시작을 '기대를 깨는 일'로부터 시작한다. 있는 그대로 보여주고, 교육의 방향이 부모의 눈에 투명하게 드러나야 제대로 된 신뢰 관계가 맺어질 수 있기 때문이다.

아침에 예쁘게 해서 보낸 아이가 하원할 때면 산발한 머리에 지저분해진 옷을 입고, 지쳐 잠들어 돌아올 수도 있다. 그래서 나는 부모에게 여러 번 강조한다. 바깥놀이는 특별한 일이 아니다. 우리에게는 일상이다. 놀이터 흙구덩이 속 아이들을 가리키며 말한다.

우리 원을 보낼 때는, 살이 타고 가르마까지 까맣게 될 각오는 해야 한다

"저 모습이 우리 일상입니다."

부모들은 처음에는 설마설마한다.

또 입학 상담 때는 이렇게 말하는 부모도 많다. "아이가 놀아야죠. 우리 아이는 활발해서 바깥놀이 좋아해요." 하지만 막상 현실이 되면 놀람과 망설임이 찾아온다.

아이답게 자라기

아이들은 놀려고 세상에 왔다. 편해문 선생의 말처럼, 우리 아이들은 놀려고 어린이집에 온다. 그러니 우리 원을 보낼 때는 아이의 살이 타고 가르마까지 까맣게 될 각오를 해야 한다.

결대로, 때에 맞게 자라도록 돕는 것, 그것이 생태어린이집의 교육 철학이다. 아이는 아이답게 자라야 한다. 발달에는 때가 있다. 지금 우리 아이들에게 필요한 것은 잘 노는 일이다.

놀며 배워야 한다. 아이들이 배워야 할 것은 내 식판과 숟가락 젓가락을 챙겨 제자리에 앉아 골고루 밥을 먹고, 내 가방을 스스로 정리하고, 계단은 손잡이를 잡고 천천히 오르내리며, 때가 되면 화장실에 가서 스스로 해결하는 것이다. 내가 나를 책임질 수 있을 때, 친구와 사이좋게 지내고, 잘 다투고, 지혜롭게 화해하는 것도 배운다. 모든 걸 대신해주는 것은 아이의 사회적 능력을 키우지 못하게 하는 지름길이다.

유아기의 가장 중요한 과제 '놀이'

우리 원을 둘러보면, 예쁘고 알록달록한 유아교육기관의 분위기와는 다르다. 천을 마는 데 쓰는 지관을 묶어 집을 만들어 손님을 초대하며, 교실 바닥에는 테이프로 도로를 만들고, 상자를 개조한 자동차가 세차를 한다. 깔끔해 보이지는 않지만, 아이들은 몰입해 놀고 있다.

우리 어린이집은 유아기의 가장 중요한 과제인 놀이를 적극적으로 실천한다. 가르치는 것이 아니라, 이 시기에 꼭 필요한 것을 아이들이 스스로 배울 수 있도록 돕고 있을 뿐이다. 참고로, 우리 원을 졸업한 아이들은 학교생활도 잘하고 공부도 잘한다. 그걸 믿지 못하는 분은 이미 다른 원으로 갔다. 믿기에 오는 것이다.

그래서 우리 어린이집 학부모들은 웬만해서는 놀라지 않는다. 비 오는 날 우비를 입고 놀다 와도, 숲에서 나뭇가지에 긁혀 와도 그러려니 한다. 교실에서라면 다르겠지만, 숲에서는 그럴 수 있다고 이해한다. 그들은 이미 많은 것을 내려놓았고, 아이를 어떻게 키울지에 대한 방향을 우리 원과 맞추기로 한 부모들이다. 그 신뢰가 우리 교육의 시작이자, 아이들이 행복하게 자라나는 힘이다.

생태어린이집의 교사

우리 교사들의 장점 중 하나는 힘이 세다는 것이다. 나들이도 많고 농사도 지어야 하며 놀이터 땅도 파야 하기 때문이다. 입사할 때는 곱고 예뻤지만 몇 년이 지나면 고쟁이 같은 나들이복에 머리를 질끈 묶고 운동화를 신는다.

봄에는 텃밭을 매야 하고, 여름이 되면 매일 물놀이를 하고, 가을에는 벼를 베고 장판 썰매를 타며, 겨울에도 바람을 맞아가며 비닐봉지연과 방패연을 날린다. 근무한 지 3년 정도가 지나면 다들 자연스럽게 같은 모습이 된다.

예쁜 원피스를 입고 귀걸이를 달랑거리는 교사들을 부러워한 적도 있다. 하지만 우리 교사들은 묻는다. "숲에는 어떻게 가고, 텃밭 농사는 누가 지어요?"

몇 년째 봄만 되면 교사복으로 원피스를 고르다 취소하고, 결국 나들이복(생활한복)을 주문한다. 생태어린이집 교사는 아이들과 함께 자연에서 부딪히고 배우는 사람이다.

놀기만 한다는 생태어린이집이지만 교사들은 오히려 놀 수가 없다. 아이들이 놀이를 하다가 다양한 호기심으로 질문하기에, 그 문제를 해결하려면 교사는 그 이상으로 공부해야 한다.

수시로 열리는 연수와 실습들로 한때는 교사들 사이에 '기피하는 원'으로 불리기도 했지만, 지금은 자연스러운 문화가 되었다. 매주 수요일은 전 교사 연수나 회의가 있는 날이고, 같은 연령 교사들끼리의 수업 준비와 회의도 활발하다. 소모임 공부를 통해 많은 책을 함께 읽는다.

<h2 style="text-align:center">함께 성장하는
동료들</h2>

우리 원 실무는 오랫동안 함께 일한 김은숙 교사가 중심을 잡고 있다. 성격은 나와 달라 꼼꼼한 완벽주의자이다. 아이들을 가르치는 일을 가장 잘하고, 반의 어느 아이도 소외되지 않게 존중한다. 그런 교사로서의 자질이 아깝기도 하지만, 지금은 다른 교사들을 지도하며 내가 놓치는 부분을 세심히 챙기고 있다. 처음에는 반을 맡은 원감으로 시작해 교무실 전담 원감, 그리고 부원장으로 승진하였다.

나는 전공자가 하는 예술교육이 늘 꿈이었다. 그래서 미술을 전공하거나 음악을 전공한 교사를 채용했다. 그들 중 상당수가 우리 어린이집에 재미를 느끼고 밤낮으로 공부해 교사자격증을 취득했다. 알고 보면 전공이 2개 이상인 교사도 많다. 그래서 교실의 환경과 활동이 풍부하다.

30대에 미술교사로 입사해 담임교사로 50대가 된 이도 있고, 육아휴직과 복직을 반복하며 아이 셋을 모두 움사랑에서 졸업시킨 교사도 있다. 대학 졸업과 동시에 음악교사로 입사해 근무하던 교사는 결혼을 앞두고 "아이를 낳아 우리 원에 보내겠다"라고 말한다.

교사로서, 부모로서

아이를 원에 맡기고 함께 근무하는 교사의 경우 근무시간에는 엄마와 아이가 자연스럽게 분리될 수 있도록 아이와 담당 연령을 다르게 하고, 반의 층을 달리한다. 원하면 단축근무도 가능하게 한다. 단호한 교사들은 원에서는 '엄마'라고 부르지 못하게 해 아이들이 퇴근 전까지는 '선생님'이라고 하기도 한다. 그러나 아이가 불안해하지 않도록 지나가다 눈이 마주치면 웃어주고 손을 흔들어준다.

나 역시 어린 아들 둘과 함께 근무하던 때가 있었다. 당시 모든 아이에게 공평해야 한다는 생각에 사로잡혀 정작 내 아이들을 힘들게 한 기억이 있다.

우리 어린이집 선생님은 힘이 세다

교사는 내가 맡은 아이들을 잘 돌봐야 하지만, 동시에 다른 부모들과 같은 마음으로 아이를 맡기고 일하는 부모이기도 하다.

우리 어린이집을 지켜주는
든든한 손들

우리 어린이집에는 기사님도 있다. 퇴근길 후진으로 어린이집 골목을 빠져나가다 전기제품 배송 차량이 서 있는 걸 본 적이 있다. 비어 있는 세탁기 상자가 눈에 띄어 바로 차를 세우고 기사님을 찾으러 갔더니, 이미 우리 노란 차 기사님이 상자를 지키고 있었다. 그는 운전도 잘하고, 농사도 짓고, 빈 상자도 잘 구한다. 놀이터 상자텃밭도 그가 관리한다.

조리실 조리사는 김치, 깍두기, 고추장을 담근다. 아이들이 텃밭에서 농사지은 흙투성이 채소를 자랑스럽게 가져오면, 그것이 반찬이 된다. 매일 있는 나들이에 주 1~2회 도시락을 준비해야 하고, 돈가스나 탕수육은 냉동식품 대신 직접 만든다. 여름이면 조리실은 에어컨을 틀어도 덥다. 그래서 영양사는 너무 더운 날이면 차가운 음료를 건네며 "수고하셨어요" 하고 인사를 전한다. 다행히 두 분 모두 오래 함께하고 있다. 조리실 앞을 지날 때마다 아이들이 "오늘은 뭐 먹어요?"라고 묻고, 맛을 품평하며 웃는다.

우리 원은 '잘 먹는 아이들'을 위해 영양사가 상주한다. 식단을 짜고, 재료를 관리하며, 교육을 진행한다. 10년 넘게 함께한 영양사는 전문 영양교육에 도전하며 퇴사했고, 새 영양사도 그 열정을 이어받아 우리 원의 급식 원칙에 만족해하며 열심히 일하고 있다.

현원 100명 이상의 어린이집은 간호사나 간호조무사가 근무해야 한다. 그래서 10년 넘게 함께한 간호조무사 선생님이 있는데 그림을 그리는 작가이자 전직 학원장, 그리고 재봉틀의 달인이다. 아이들에게 습식 수채화를 지도하며, 여름에는 공방에서 모기 퇴치제와 천연 연고인 자운고를 만들어 온다.

그런 손들이 있어 우리 원이 든든하다.

남자교사 이야기

학기 초 연수 시간이었다. 선임 교사가 말했다. "나와서 시범 보일 선생님 있으신가요?" 잠시 정적이 흐르던 그때, 초임 남자교사가 손을 들었다. "제가 남자답게 해보겠습니다!"

호기롭게 나선 그의 말에 선임 교사가 되물었다. "남자다운 건 어떤 건가요?" 학교에서 성 고정관념의 위험성과 다양성의 가치를 배웠을 텐데, 졸업 직후 다 잊어버린 모양이었다.

우리 원은 생태어린이집이다. 자연과 사람이 어우러지는 공동체를 지향하며, 평등과 민주적 가치를 중심에 둔다. 그래서 우리는 남자교사가 있다는 것을 '특별한 일'로 여기지 않는다. 다양한 성별이 함께 있는 것 자체가 자연스럽고 건강한 일이다.

남자교사는 돌봄과 교육이 여성만의 일이라는 고정관념을 흔든다. 아빠와의 시간이 부족한 아이에게 좋은 본보기가 되어준다. 활동적인 놀이가 풍성해지고, 다양한 어른을 만난 아이는 더 넓은 시선으로 세상을 본다. 서로 다른 성이지만 평등하게 관계 맺고 도움을 주고받는 경험이 어린이집에서 자연스럽게 쌓인다.

아이들에게만 좋은 일이 아니다. 여자교사들만 있는 조직에서는 피로가 쌓이기 쉽다. 남자교사가 있으면 정서적 균형이 맞춰지고, 무거운 짐 옮기기와 시설 정비 같은 부담도 나눌 수 있다. 회의 자리에서도 다른 시선이 더해진다.

우리 원에 남자교사가 있다는 이야기가 퍼지면서 실습생 중 남자 비율도 높아졌다. 아이를 좋아하고 교사가 되고 싶어 하는 마음은 다르지 않다. 남자교사는 아이들과 몸을 부딪쳐 놀고, 과학 실험이나 코딩 수업에 적극적이다. 물론 이렇게 생각하는 것 자체가 편견일 수 있다. 오히려 여교사보다 더 부드럽고 세심한 경우도 있다.

어쨌든 아이들은 '남자 선생님'이라기보다 그냥 '우리 선생님'으로 받아들인다.

단점도 있다. 특히 어린 반에서는 아이들의 미세한 변화를 놓칠 때가 있다. 교실 환경이 다소 어수선할 때도 있다. 하지만 여자교사도 완벽하지는 않다. 꼭 남자여서 그런 건 아니다. 조율의 과정이 필요하지만 아이들에게 해가 되지 않는다면 굳이 단점이라고 부르지 않아도 된다.

한번은 이런 일이 있었다. 남자 선생님과 아이들이 마당에서 흙탕물 놀이를 실컷 하고 그냥 들어와 교실 바닥이 그야말로 엉망이 되었다. 옷가지며 양말이 여기저기 흩어져 있는 모습에 동료 교사들은 당황했지만, 정작 아이들은 "오늘 진짜 최고였어!"라며 상기된 얼굴로 웃었다. 섬세한 정리정돈보다 '놀이의 몰입'에 더 무게를 두는 남자교사의 스타일이 때로는 교실을 어수선하게 만들기도 하지만, 그것은 단점이라기보다 '우선순위의 차이'에 가깝다. 우리는 서로의 다름을 지적하기보다 "놀이가 정말 즐거웠나 보네요. 마무리는 아이들과 함께 이렇게 도와주면 어떨까요?"라며 보조를 맞춰간다.

현실적으로 유아교육기관에서 남자교사는 많지 않다. 2022년 기준 전체 보육교사 중 남성은 1.5%에 불과하다. 특히 0~2세 반에는 거의 없다. '보육은 여성의 일'이라는 인식 때문이다.

이로 인해 남자교사는 때로 불필요한 편견의 시선을 감내해야 한다. 부모 중 일부는 남자교사가 있는 반에 항의 전화를 하기도 했다. 하지만 우리는 여자 보조교사가 함께한다는 점을 설명하며 원을 믿고 기다려 달라고 당부했다. 지금까지 한 번도 문제가 일어나지 않았다. 또 하나의 어려움은 '혼자'라는 점이다. 같은 성의 동료가 거의 없다. 95% 이상이 여성인 조직에서 남자교사는 특별히 차별받지 않아도 외로움을 느낀다.

게다가 사립기관은 인건비 지원이 없어 호봉제가 제대로 적용되지 않는다. 연차가 쌓여도 최저임금 인상률 외에는 임금 상승이 없다. 이 문제는 여자교사도 마찬가지이다.

남자교사가 오래 버티기 어려운 구조는 우리가 바꾸어야 할 과제이다. 앞으로 우리 어린이집은 남자교사가 오래 일할 수 있는 환경을 만들기 위해 노력할 것이다.

사회적으로도 유아교육 현장에서 남자교사에 대한 편견이 줄어들기를 바란다. 이를 통해 다양한 교사들이 조화를 이루며, 아이들이 더 건강하고 균형 잡힌 가치관을 형성할 수 있기를 바란다.

2. 생태교육을 만드는 사람들

초등학교 같이 가요

씨영금반 한 아이가 선생님께 물어본다.

"우리 초등학교 가야 해요?"

"왜? 초등학교 안 가려고?"

"초등학교 안 가면 선생님한테 좋은 거 배우잖아요."

다른 아이도 끼어든다.

"우리가 초등학교 가면 선생님도 같이 가면 돼요."

07

함께 걷는 사람들

좋은 선생, 좋은 어린이집이 되어가려는 중에 미처 몰라서 놓치는 실수들이 얼마나 많은지, 그리고 제대로 가고 있는 것이 맞는지, 같은 걱정들을 자주 한다. 그래서 좋은 스승이 되어주는 사람이나 책을 만나면 내 마음대로 스승으로 삼아 마음의 짐을 잠시 덜며 배우고 실행하기 위해 노력한다.

다행히도 그런 만남들이 나를 그저 그런 어린이집 원장으로 남게 하지 않았다. 고민하고 돌아보게 하였으며, 진짜 선생이 되도록 애쓰는 마음을 가지게 해주었다.

선생은 가르치는 행위를 통해 세상을 좋게 만들고, 내가 가르치는 이들이 그 세상에서 좋은 사람으로 행복하게 살도록 돕는다.

스승의 날을 앞두고 나는 어떤 선생인지 돌아본다. 나를 이끌어준 스승들의 뒷모습을 따라, 나 역시 누군가의 길 위에 따뜻한 빛 하나가 되고 싶다. 아직은 부족하지만, 배운 것을 실천하며 그 길을 그들과 또 나를 도와주는 동반자와 함께 걷고 싶다.

매곡리를 만나다

2007년쯤, 대구생태유아교육협회장이셨던 수성대학교 김정화 교수님 소개로 몇몇 선생님들과 함께 인문학 공부를 위해 매곡리 작은교회를 찾았다. 그곳에는 곽은득 목사님이 계셨다. 주말마다 농사를 짓고 목공과 도예를 하며 인문학 강의를 들었다. 도시에서는 찾아보기 힘든, 땅과 사람과 신앙이 맞닿은 삶의 방식이 매곡리에는 있었다.

처음에는 매곡리가 주는 배움이 너무 좋아 목사님께 부탁드려 생태놀이터로 나들이를 다녔다. 그러다 뜻을 함께하는 여러 유아교육기관이 동행하게 되었고, 아이들과 자연이 서로 연결되는 생태공동체가 매곡리 안에서 형성되었다. 아이들은 이곳의 논밭과 숲에서 뛰놀고, 교사들은 땅을 일구며 배웠다. 그렇게 시골과 도시가 서로에게 배움을 주고받는 '살아 있는 교육'이 싹텄다.

매곡리 작은교회는 지금 곽은득 목사님이 은퇴하신 후, 원필선 목사님이 남편 이동희 목사님과 그 뜻을 이어가고 있다. 부설로 운영되는 매곡리 자연학교는 농사와 돌봄, 교육이 하나로 이어지는 생태 공동체의 중심이다. 시골에서 농사를 짓고 닭과 토끼를 키우며, '화려함'이 아닌 '삶 그 자체'를 신앙으로 실천한다. 신앙 유무와 관계없이 생명이 살아 있음과 평화로운 일상을 함께 나누는 마을, 그것이 매곡리 생태·교육공동체이다.

공동체의 정식 탄생

처음 매곡리에 오는 아이들과 교사는 당황한다. 아무것도 없는데 놀라고 하고, 뭐든 하지 말라고 한다. 줄도 세우지 말라 하고, 가르치지 않아도 된다고 한다.

지금까지 지내왔던 방식과는 너무 다른 그곳에서 교사도 아이도 봄이 지나고 여름을 맞으면 눈이 뜨인다. 씨앗을 심고 풀을 뽑아주고 물을 주며 기다리다 거두어 나눠 먹는 과정들은 아이가 자연의 일부가 되게 한다. 아이들과 함께하는 농사는 단순한 체험을 넘어, 생명과 기다림, 자연과의 깊은 대화가 담긴 삶 교육이 된다. 진짜 생태교육이다.

2023년 11월 5일, 작은교회 40주년을 맞아 원필선 목사님, 마을 어르신들, 어린이집, 유치원 원장, 운영위원들이 함께 모여 '매곡리 교육공동체'를 정식으로 발족했다. 공동체는 아이들이 살아갈 세상을 위하여, 지구 생태계를 함께 지키고 서로 어울려 살아가는 삶을 위하여 생태적 삶을 비전으로 세웠다.

이날 협약식에는 곽은득 목사님을 비롯해 매곡리 작은교회를

아이들이 그린 매곡리

기억하는 많은 분이 함께했다. 벼를 베고, 손수건을 염색하고, 노래하며 가을 하루를 누렸다.

공동체는 지금도 활발히 이어지고 있다. 해마다 3월에 모든 어린이집, 유치원 교사들이 매곡리 자연학교에 모여 오리엔테이션과 교사 교육으로 한 해를 연다. 8월에는 아이들과 교사, 학부모가 모여 노래하고 웃는 '고운 노래 동요제'가 열린다. 또한 학부모 대상 힐링 캠프와 부모교육도 연 2회 진행한다. 무엇보다 매곡리에서 논농사를 짓는 어르신들, 회원 어린이집, 유치원이 쌀 계약재배로 이어져, 아이들 밥을 매곡리에서 난 쌀로 지어 먹인다.

교육공동체 모든 아이가 매곡리에서 사계절을 온몸으로 경험하고 있다. 냉이와 달래, 쑥을 캐고, 고랑을 만들어 씨를 뿌리며 논에 모를 심는다. 앵두를 따며, 감자를 구워 먹고, 개구리와 메뚜기를 잡으며 논과 물가를 뛰논다. 자두와 오디가 익으면 따먹고, 벼를 베고 탈곡하는 가을을 맞는다. 겨울이 되면 썰매를 타고 빈 논에서 연을 날린다.

그렇게 숨 쉬는 생명과 평화 속에서 우리 아이들은 자라고 있다.

함께 가는 길

매곡리 교육공동체를 보는 시각은 다양하다. 같은 생각을 가진 이들이 모인 것을 부러워하는 이들처럼 긍정적인 시선이 있다면, '굳이 저 먼 곳까지 아이들을 끌고 다니는 위험부담을 안고 왜 저럴까'라는 부정적인 반응도 많다. 사실 용기나 의지가 없다면 어려운 일이다. 매곡리 나들이 날이면 꼭 결석하는 아이가 있음에도 포기하지 않는 것은 원장으로서 쉽지 않은 일이다.

하지만 우리는 흙을 밟고 바람을 맞으며 햇볕을 받는 아이가 얼마나 건강한지 잘 알고 실천하는 사람들이다. 결국 우리 교육의 가치를 아는 부모가 남을 것이다.

다행히 공동체의 원장님들은 포기하지 않았고, 매곡리 바람 속에서 건강하고 씩씩한 아이들을 키우고 있다. 각 어린이집, 유치원 부모들을 보면, 아마도 우리는 잘하고 있는 것 같다.

생명의 밥상

이 고마운 공간에 보답하고 싶어 시작한 일이 '쌀 계약재배'였다. 군위군 효령면 매곡리 지역 농사짓는 어르신들과 매곡리 교육공동체 소속 어린이집과 유치원들이 뜻을 모아, 어르신들이 손주들을 생각하며 쌀을 잘 키워주시면 우리는 매달 그 쌀을 가져다 먹기로 했다. 벌써 10년째 이어지는 일이다. 농가에는 안정적인 판매처가 생기고, 우리는 비록 값은 조금 더 나가더라도 아이들에게 믿고 먹는 쌀을 줄 수 있다.

이것은 단순히 쌀을 사고파는 일이 아니다. 아이들이 뛰어노는 땅에서 난 쌀을 함께 먹는 일, 그것은 우리가 지금 발 딛고 사는 땅을 이해하는 첫걸음이다. 모를 심고, 벼가 자라고, 누렇게 익은 벼를 베어 탈곡하는 과정을 함께하면서 아이들은 '먹는 일'이 곧 '사는 일'

쌀 계약재배 협약식

이라는 사실을 배운다. 이것이 바로 생태교육이며, 지역과 자연을 잇는 삶의 감각을 키워주는 소중한 배움의 장이다.

해마다 11월 첫 주 일요일이면 농부 어르신들과 원장, 목사님이 함께 모여 쌀값과 양을 정한다. 협상이 길어지면 원장들은 '잠깐만요!'를 외치고 작전을 짜며 쌀값을 깎으려들고, 이사장(남편)들은 농사짓는 어르신들께 야박하게 군다고 '적당히 하세요'라며 야유를 보낸다. 하지만 어르신들은 아이들이 먹는 것이라며 되도록 양보를 해주신다. 이렇게 정해진 쌀값으로 정식 협약서를 작성하고, 목사님과 농부 어르신, 원장, 운영위원장이 함께 날인한다.

우리가 먹는 쌀은 클릭 한 번으로 배달 오는 포장 쌀과 다르다. 그 안에는 생명과 돌봄, 그리고 보살핌이 포함되어 있다.

착한살림협동조합

착한살림은 자연학교를 함께 운영하던 차은수 국장님이 작은교회 한켠에서 시작했다. 이후 대구 북구 칠곡에 매장을 열어 운영하다가 다시 작은교회로 자리를 옮겼다. 어린이집 급식 식자재 가운데 직접 만든 두부, 유정란 등 아이들이 좋아하는 것들을 주로 납품한다.

착한살림이 있었기에 움사랑 아이들의 먹을거리 걱정을 덜 수 있었다. 유기농만큼 중요한 건 '로컬'이다. 아무리 좋은 먹을거리라도 멀리서 비행기 타고, 차 타고 오는 동안 쓰이는 에너지와 보관의 문제를 생각하면 가까운 곳에서 정성껏 만든 음식이 더 값지다. 착한살림은 '이걸 먹어도 될까?', '더 좋은 건 없을까?' 같은 고민을 같이 해주는 고마운 존재이다.

매장이 있을 때는 두부 만들기, 메주 쑤기 같은 체험을 함께했고, 자연학교와도 연결되어 함께 자라왔다.

아이들에게 착한살림은 '원장님 가게'로 통했다. 한 번은 줄넘기 상으로 '착한살림을 통째로 달라'는 아이들의 요청에 차 국장님이 흔쾌히 "그래, 가져가라"라고 하셨다. 그때 안 받아서 다행이다. 하마터면 지금까지 두부를 만들 뻔했다. 착한살림은 지역이 함께 키우는 생태공동체의 진짜 힘이다.

이제 움사랑은 하나의 공동체이다. 그 철학이 앞으로도 흔들리지 않기를, 함께 만들어온 모두의 마음이 길이 남기를 바란다.

2026년 쌀 계약재배 협약식을 마치고

2025년 11월 2일, 매곡리에서 한 해의 쌀 계약 협약식을 마쳤습니다. 그 과정에는 단순한 가격 협상을 넘어선 공동체의 신뢰와 상호존중의 이야기가 담겨 있습니다.

매곡리 자연학교는 아이들이 자연에서 하나의 생명으로 자라는 존재임을 알게 하는 소중한 곳입니다. 1년을 꾸준히 다니다 보면 봄, 여름, 가을, 겨울을 온전히 느끼며 그곳의 모든 살아 있는 것들과 아이들이 친구가 됩니다.

봄에는 수레를 끌고 다니며 냉이와 쑥을 캐 모읍니다. 선생님에게 냉이 튀김을 해달라고 하려고요. 밭에는 고랑마다 채소를 심고 잘 자라기를 기다리며 풀을 뽑아줍니다. 그 풀은 그냥 버리지 않습니다. 토끼와 닭에게 가져다줍니다. 여름도 역시 바쁩니다. 냇가의 물이 맑은 날에는 워터파크보다 훨씬 재미있습니다. 가을에는 배추를 심습니다. 겨울에는 빈 논에서 연을 날립니다.

매곡리 곳곳의 과일나무는 냉장고 속 과일과 나무에 매달려 따먹는 과일 맛이 얼마나 다른지 알려줍니다. 호두나무 아래에서 떨어진 호두를 그 자리에서 발로 밟아 깨서 딱딱한 껍질을 벌려 속살을 꺼내 먹으면

떫은맛마저도 맛있게 느껴집니다. 대추가 빨갛게 익으면 그 맛은 슈퍼에서 파는 젤리보다 더 달답니다.

닭과 토끼와 나누는 교감은 아이들의 마음을 따뜻하게 합니다. 뽑아온 풀을 나눠주며 새끼들에게 이름을 붙여주고, 밥을 뺏어먹는 놈에게는 큰 소리로 야단을 치며 친구가 됩니다. 가끔 닭장에 들어가 갓 낳은 알을 들고 나오기도 하지만, 이건 생명의 순환을 가르치는 것이기도 하지요.

매곡리는 논농사가 많습니다. 자연학교 옆으로 산책을 나가면 넓은 논이 펼쳐져 있습니다. 차가 지나다니지 않아 터일굼반 아이도 안심하고 뛰어다닙니다. 가끔 마을 어른이 경운기를 몰고 지나가면서 아이들에게 잘 놀라고 인사해줍니다.

냇가 쪽 한 귀퉁이 논은 농사짓는 어르신들이 우리 아이들이 체험하라고 비워주셨습니다. 모를 심고는 지나다니며 잘 자라고 있나 보고 뛰어다니는 메뚜기도 잡고, 가을에 벼를 벱니다. 구식 탈곡기로 탈곡을 합니다. 이삭을 주워 까먹기도 합니다.

처음 아이들을 데려가고 적응할 때쯤 저는 그런 생각을 했습니다. '논과 밭의 작물과 같이 자라는 아이들에게 이 지역의 논에서 나는 쌀을 먹여야겠다.' 그 생각을 당시 곽은득 목사님께 말씀드렸고 목사님은 흔쾌히 지역 어르신들과의 중재를 맡아주셨습니다. 그 이후 게약재배는 오랫동안 이어졌습니다.

올해는 11월 2일에 어르신들과 교육공동체 기관의 원장들이 함께 모여 회의를 했습니다. 작년에 계약한 쌀값이 한 말(20kg)에 5만 8,000원이 었는데 중간에 많이 올라 어르신들이 손해를 보셨습니다. 이번에는 7만 5,000원을 받으셔야 한다고 하셔서 줄다리기를 한참 했습니다.

저희는 "예산이 적다, 갑자기 너무 많이 올라가면 힘들다. 아이들이 먹을 건데 양보를 해주셔라"라며 사정을 했지요. 어르신들은 "지금 한꺼번에 수매가로 넘기면 매달 쌀을 찧으러 다니지 않아도 되고 목돈을 받을 수 있다. 아이들이 먹을 거라 정성을 다해 농사지어 수고를 하는 거다"라며 버티셨습니다.

결국 깎고 올리고 하다가 6만 7,000원으로 정했습니다. 그 과정에서 누구도 얼굴을 붉히지 않았습니다. 원장들은 깎아달라 사정하다가도 서로 너무 그러면 안 된다고 눈치를 주었습니다. 어르신들은 최고가를 부르시고는 미안스럽다 하시며 결국 양보를 하셨습니다.

서로의 형편을 살피는 것도 '신뢰와 존중'의 관계입니다.

쌀을 가져다 먹는다는 건 그곳의 생명을 함께 먹는 거라고 생각합니다. 그저 좋은 것을 싸게 먹는 것과는 다른 일입니다. 좋은 쌀을 건강하게 먹고, 직거래로 어르신의 정당한 몫을 보장하고, 도시화로 끊어진 도농의 관계를 밥상 위에서 다시 잇는 것이 지속 가능한 농촌을 만드는 데 우리가 직접 참여하는 행위입니다. 또 로컬푸드로 먹을거리의 자주권을 되찾는 미시 정치 행위라고도 할 수 있습니다. 그러니 이는 함께 잘 살아가는 일이라고 생각합니다.

그 과정을 마치고 이어진 잔치도 의미 있는 일이었습니다. 참여해주신 부모님들과 어르신들이 모여 동네잔치를 벌였습니다. 먹고 이야기 나누고 축하를 하며 저녁을 보냈습니다. 어딘가에서 해본 듯한 농촌체험과는 다릅니다. 그곳의 삶을 온전히 존중하며 함께하기를 바라면서 시작한 일이기 때문입니다.

다행히 그곳을 잘 아는 우리 부모님들은 구석구석에 신경 써주셨습니다. 설거지를 하고 어묵을 꽂고 안내를 도맡아주셨습니다. 마치 그곳의 식구인 듯 행동하셨고, 잔치를 마친 후 정리까지 도와주셨지요. 아이들은 졸업생, 재원생, 다른 어린이집, 유치원 아이들 모두 어울려 시골 할머니 집에 온 것처럼 놀았습니다.

매곡리 교육공동체 기관들은 각자의 지역에서 각자의 방식으로 원을 운영하지만 매곡리의 정신과 방식을 존중하며 함께 실천하며 공동체를 이루고 있습니다. 쌀값을 흥정할 때는 일부러 손해를 보지는 않으나 손해를 끼치지도 않으려고 애씁니다. 주고받는 계약 이상의 의미를 잘 알고 있습니다. 어르신들께 늘 고맙다 인사하고 쌀을 가지러 가면 빈손으로 가지 않고 작은 음료수라도 들고 갑니다. 어르신들은 밭에 배추라도 하나 더 뽑아주십니다.

목사님은 늘 줄 세우지 않고, 사진 많이 찍지 말고, 자연 속에서 자유롭게 놀기를 강조합니다. 그래서 공동체의 교사들은 우리끼리 있는 안전한 곳에서는 애써 줄 세우지 않도록 합니다. 그런데 이건 보통의 교사에게는 조금 어려운 일입니다. "다치면 안 돼! 놓치면 안 돼!"가 가장 큰 과제 중 하나인 교사가 줄을 세우지 않는다는 것은 그만큼 더 눈을 크게 뜨고 그만큼 더 잘 알아야 합니다. 기다리고 있는 부모의 마음을 알면서도 사진 찍느라 아이들의 몸과 마음의 몰입을 방해하지 않으려 애씁니다.

조금은 먼 곳으로의 나들이를 불안하다 하지 않고 잘 놀다 와라 해주시는 부모님들의 마음도 같으리라 생각합니다.

매곡리의 자연과 그곳의 삶이 아이들의 마음에 오래도록 기억되기를 바랍니다. 아이가 자라는 내내 외롭고 힘들 때마다 꺼내 먹는 마음의 영양제가 되었으면 좋겠습니다.

아마도 잔치에 참석해서 노래로 축하공연을 한 우리 졸업생 지은이의 마음도 그러리라 생각합니다. 그 노래가 더욱 의미 있었던 것은 그것이 단순한 축하가 아니라 매곡리의 흙과 바람이 그의 마음속에 뿌리내렸음을 증명하는 것이기 때문입니다.

이런 기억들이 모든 아이의 마음에 영양제가 되기를 바랍니다.

올해 참석해주신 부모님들께 감사드리며 내년에는 더 많은 부모님이 함께하셨으면 좋겠습니다.

나의 영원한 동반자, 가족과 함께

나는 좋아하는 일을 직업으로 가질 수 있는 복을 받았다. 우리 어린이집이 가진 목적과 목표를 향해 옳다고 생각하는 방식으로 꾸려 나가는 좋은 선생이 되려고 노력하며 살아왔다. 둘 중 어느 것도 중요하지 않은 것은 없다.

그렇게 살아온 기간 동안 내 가정도 함께 세월을 보냈다. 우리 가족은 남편과 두 아들로 넷이다. 우리는 모두 같이 일하고 있다. 다행히 온 가족이 우리가 하고 있는 일을 좋아하고 아이들도 좋아한다. 아이들은 남편을 이사장님, 기사장님이라고 부르는데(실제로는 운전, 시설 관리, 모든 기계 수리를 담당하는 사람이다), 뭐라 부르든 다 대답해주고 웃어준다.

아이들이 처음에는 잘 모르다가 씨영금반쯤 되면 나와 둘이 왜 친하게 지내는지 의아해하기 시작한다. 그러다 둘이 부부라는 깜짝 놀랄 소식을 듣고는 원장님이랑 이사장님이랑 결혼했다고 온 동네방 네 소문을 낸다. 어느 날은 이상했는지 왜 이사장님이랑 결혼했는지 묻기도 했다.

남편이 하는 일은 등하원 버스 운전과 거의 매일 나들이 차량 운전, 청소기와 세탁기 같은 모든 기계 수리, 오래된 건물 방수 작업 과 소방 관리, 마당 정리, 놀이터 보수, 교구장 수리와 교구 제작이다. 내 일에 간섭도 해야 한다. 이름은 이사장이지만 실제 역할은 모든 일을 돕는 매니저 격 일손이다. 여자가 99%인 조직에 적응하느라 처 음에는 많이 힘들어했지만, 잘하고 있다.

함께 자라는 가족

아들들은 성장기를 어린이집과 함께 보낸 탓인지 본인들 기질이 그 런 건지 아이들과 잘 지내고 어린이집 생활에 만족하고 있다.

큰아들은 체육을 전공하고 다시 유아교육을 전공했다. 풋살로 동네에서 잘나가는 게 꿈으로, 주말마다 대회에 출전해서 트로피를 받아 아이들에게 자랑한다. 축구를 잘하는 체육 교사가 멋있어 보이 는지 장래 희망이 체육 선생님 같은 축구선수가 꿈인 아이도 있다. 축구 수업이나 수영 시간이면 목소리가 얼마나 큰지 혹시나 지역 주 민들 항의가 들어올까 봐 걱정이 되기도 한다.

어릴 때 어린이집 아이들에게 더 상냥한 엄마가 불만이었던 둘째아들은 다른 일을 하겠다고 사회복지과를 전공했지만 다시 유아교육을 전공하였다. 형과 정반대라 목소리가 크지 않고 작게 웃는 조용한 성향이다. 아직은 보조교사로 수련 기간 중이다. 그래서 아이들 말로는 담임선생님이 "도와주세요" 하면 오는 선생님이다.

두 아들은 아버지같이 일만 하며 살고 싶지는 않다고 했지만, 시작한 이상 어쩔 수 없다. 아침저녁 운전도 하고 힘쓸 일이 생기면 먼저 불려 나오고 허드렛일도 해야 한다. 주말에는 제발 예고 없이 부르지 말라 하지만, 주말 일은 원래 예고 없이 생긴다. 요즈음은 노동부에 신고하겠다는 협박을 하지만, 원래 가족 간에는 성립이 되지 않는다.

유아교육기관 일은 남자가 하기에는 여러 가지로 어렵기는 하다. 하지만 두 아들은 착하고 아이들을 좋아하고 엄마 빼고 다른 이들에게는 대체로 친절하다. 교사가 되기에 가장 기본적인 덕목은 갖췄고 나머지 부족한 부분은 계속 가르쳐 나가기로 했다.

내가 좋아하고 가치 있다고 생각하는 일이 가족에게도 같은 무게를 가지고 있다는 건 참 고마운 일이다.

"이 어린이집 누구 거예요?"

점심시간에 꽃피움 아이들(만 4세)이 갑자기 숟가락을 내려놓고 우르르 몰려나와 나를 에워싸고는 묻기 시작했다. "이 어린이집 다 원장님 거예요?"

"노란 차도 다 원장님 거예요?"

알고 보니 며칠 동안 아이들끼리 토론 중이었다고 한다.

"이 어린이집은 누가 지었지?"

"공사하는 아저씨가 짓고 원장님이 돈 냈겠지."

"이사장님 거 아니야?"

"아닐걸. 원장님이 대장이니까 원장님 거지."

그러다 도저히 참을 수 없었던 모양인지 "원장님한테 물어보자!" 하고 몰려온 것이다.

아이들은 평소에도 '누구 거'인지를 자주 묻는다. 물놀이 가서 정말 신나게 놀다 돌아올 때도 "여기 원장님 거예요?", 매곡리에서 불 피워 고구마 구워 먹고 온 얼굴에 시꺼먼 칠을 하고는 "매곡리는 원장님 거지요?", 줄넘기를 1,000개 뛰어 상으로 유기농 과자를 받고는 "착한살림(유기농 매장)은 원장님 거지요?" 한다.

당연히 모두 원장님 거인 줄 안다.

예전 어린이집에 모래놀이터가 없었을 때, 가까운 아파트 모래놀이터를 자주 찾아다녔다. 교사가 앞뒤에서 수레에 놀이 살림살이를 잔뜩 담아 끌고 가면 아이들은 신이 나서 줄지어 따라갔다. 그러다 어느 날 너무 자주 갔는지, 아니면 너무 시끄럽게 놀았는지 경비하시는 분들에게 야단맞고 처량 맞게 쫓겨 온 적도 있다.

또 한 번은, 민원이 들어갔다며 공원 관리 담당 공무원이 찾아온 일도 있었다. 동네 공원에 나들이 갈 때면 색색 분필을 챙겨 가서 바닥에 그림 그리고 놀곤 했는데, 비만 오면 지워지겠지 싶었고 아이들이 놀던 흔적이라 다들 이해해줄 거라 생각했다. 하지만 '앞으로 공원을 이용하지 말라'는 통보를 받았다.

그런 경험들이 마음에 서운함으로 남았던 걸까. 아이들은 정말 좋아하는 건 원장님 것이기를 바란다. 그래야 다 할 수 있고, 마음 놓고 놀 수 있고, 밀려나지 않기 때문이다. 원장님은 자기들을 위해 있는 사람이라는 걸 알기에, 원장님 것은 자기들 것이라는 믿음이 있는 듯하다. 어린이집이라는 공간과 그 안에 있는 사람들을 믿을 수 있다는 또 다른 표현이라고 생각한다.

소유에서 관계로

사실 어린이집은 내가 법적 소유주인 것은 맞으나 내가 주인인지는 의문이다. 아이들이 "원장님 거지요?"라고 물을 때마다 바로 대답이

나오지 않는다. '내 건가? 그럼 내 마음대로 해도 되는 건가?' 하는 생각이 스친다.

처음 시작은 분명히 내 소유였다. 내 땅, 내 건물, 대표자, 원장 모두 나였다. 내 뜻대로 생태교육을 시작했고 건물을 꾸몄고 교사를 뽑았다. 운영도 내가 원하는 대로 했던 것이다. 그런데 언젠가부터 뜻대로 되지 않는다. 어린이집이 스스로 생명을 가지고 달리고 있다.

남들 하는 것처럼 한다고 잘된다는 보장은 없지만, 나도 줄어드는 출생률과 지역 상황을 보며 눈에 반짝이는 무엇인가를 시도하고 싶다. 원아 모집을 위해 화려한 발표회도 하고 싶고, 면으로 된 헐렁한 나들이복 대신 사진이 잘 나오는 교복을 입히고 싶기도 하다. 집으로 돌아가는 아이들 가방에 젖고 흙 묻은 옷 대신 예쁘게 만든 작품이나 학습지를 넣어 보내고 싶다.

실제로 그렇게 하는 곳들도 많고, 그곳에서도 아이들은 잘 자란다. 부모들은 만족하고 교사들은 덜 힘들다. 하지만 이제는 늦었다. 나는 그렇게 할 수 없다.

움사랑은 모두의 뜻이 모여 '움사랑다움'이라는 정체성을 가지게 되었다. 몸과 마음과 영혼이 건강한 아이로 키우겠다는 시작이 부모, 교사, 도와주는 이들 모두의 마음과 의지를 모아 어린이집을 단단하게 만들었고, 이제는 나 혼자 바꿀 수 없는 생명을 가진 집단이 되었다.

내가 무언가 새롭게 하려 할 때 교사들은 묻는다.

"그게 우리 어린이집과 어울리는 거예요?"

"생태어린이집이 그렇게 해도 돼요?"

심지어 부모들마저 "움사랑스럽지 않아요"라고 말한다.

최종 결정권자는 내가 아니라, 모두가 함께 만들어온 '움사랑다움'이 되었다.

그래서 이제는 아이들이 묻던 그 질문을 나도 되묻게 된다.

"이 어린이집은 누구 거예요?"

이 질문 안에는 소유를 넘어 신뢰와 관계, 그리고 함께 걸어온 시간의 무게가 담겨 있다.

움사랑은 내 것이 아니라, 우리 모두가 걸어온 길 위에서 자란 하나의 생명이다.

부록

얘들아, 너희들의 노래를 불러라

매곡리 아이들

남의 집 귀한 자식 함부로 키워주는 어린이집

자료: 움사랑 2025년 기록 파일

얘들아, 너희들의 노래를 불러라

이오덕

나도 너희들의 노래를 부르며

살아왔단다.

그까짓 어른들의 노래, 알 수 없는 말,

맛도 향기도 없고 신명도 안 나는 소리.

더러는 엉터리 거짓도 있고

고약한 냄새 풍기는 것도 많아

듣기에도 역겨워 귀를 막고 살았지.

그래서 아이들의 노래만 부르면서

살아왔단다.

내가 어렸을 때는 들과 산에서

뛰놀면서 일하면서 노래로 살았지.

봄이면 할미꽃, 진달래, 살구꽃 노래,

보리밭 종달새, 빨랫줄의 제비들도 함께 부르고,

여름이면 냇물에서 버들치와 피라미와 함께 부르고,

풀밭에서 송아지와 염소들과 뛰놀면서,

꼴을 베면서, 꼴망태 지고 오면서

개굴개굴 개구리 노래 부르고,

물새 소리, 바람 소리 따라 휘파람으로 부르고,

꾀꼬리 장난 소리, 뻐꾸기 흥겨운 장단,

산비둘기 구성진 노래 맞춰 부르고,

감자를 캐면서 감자 구워 먹는 소리,

옥수수를 꺾으면서 고소한 옥수수 먹는 노래 부르고,

가을이면 가을바람 시원해라,

수수밭 조밭에서, 허수아비 서 있는 논에서

후여 후이 새 쫓는 노래,

나물 쑥을 뜯으면서 냉이를 캐면서

산에 올라 머루 다래 따먹다가 해가 지면

새빨간 구름을 쳐다보며

노을 노래 부르고,

겨울이면 하늘에서 쏟아지는 떡가루 눈,

눈을 받으며, 쌓인 눈을 밟으며, 눈을 뭉치며

눈 노래 부르고,

얼음을 타면서, 처마 끝 고드름 쳐다보면서도 부르고,

밤에는 호롱불 밑에서 옛이야기 듣다가

부엉이 부엉부엉 함께 부르고,

이렇게 사시장춘 노래로 살았단다.

마을에는 가는 곳마다 아이들 소리,

골목마다 아이들 소리.

그런데 지금은 아이들이 없구나.

노래소리가 없구나.

아이들 모두 어디로 갔지?

그렇지, 모두 모두 방 안에 갇혀 있구나.

방 안에서 노래소리도 없이 살아가는구나.

들풀의 향기 다 잃어버리고,

방 안에 갇혀

몸도 마음도 그 무엇에 짓눌려

노래가 나오지도 않고,

아침부터 저녁까지 아귀다툼으로

살아가는구나, 어제도 오늘도.

그래도 음악시간이 있다고?

그렇지, 음악책에 나오는 노래를

선생님 따라 부르지.

그러나 그 노래는 너희들 것이 아니지.

너희들의 몸에서 터져 나온 노래가 아니지.

그래서 음악시간에만 부르는 것으로 되어 있지.

너희들은 노래를 잃어버리고

노래를 빼앗겨버리고

그래서 괴상한 어른들 노래를

부르기도 하면서

괴상한 어른들이 되어가고 있단다.

이 세상에 노래 없이 자라나는 아이들보다

가엾은 아이들이 있을까.

이 세상에 노래를 빼앗긴 아이들보다

불행한 아이들이 있을까.

그러나 여기,

천만다행히도 너희들의 노래가 나왔구나.

너희들의 노래가 터져 나왔구나.

살아 있는 싱싱한 너희들의 말,

온몸에서 터져 나온 너희들의 시.

출처: 《이 지구에 사랑이 없다면 얼마나 아름다운 지구가 될까?》, 이오덕, 2011

매곡리 아이들

작은교회, 매곡리 자연학교

원필선 목사

겨울 들판은 황량하기 이를 데가 없습니다. 시골은 이른 봄부터 소설(11월 22일), 대설(12월 7일), 메주 만들 때까지 매우 분주하나 소한(1월 5일)부터 입춘(2월 4일), 우수(2월 19일)까지는 농부도 자연도 잠시 쉬어 갑니다. 그렇다고 할 일이 없지는 않습니다. 얼음 얼면 시내에 나가 썰매를 타고, 바람 부는 겨울 들판을 뛰어다니며 연을 날리기도 합니다. 정월대보름 앞두고 달집 만들 나뭇가지도 주워 모읍니다. 매곡리에서의 한해살이는 이렇게 자연과 연결된 시골살이입니다.

움사랑 아이들과 함께 보낸 지난 10여 년의 매곡리 자연학교는 자연이 지닌 다양성과 풍성함을 그대로 보여주었습니다. 그래서 사람도 자연의 일부이며, 사람과 자연이 서로 힘을 합하여 만들어내는 것이 어쩌면 우리 역사일지도 모른다는 생각이 들었습니다. 어른들이 도시에서 행하는 어떤 그럴듯한 일만이 역사가 아니듯이 말입니다.

움사랑 아이들과의 자연학교 이야기를 떠올리고 내일이라도 움사랑 아이들이 온다고 하면 가슴이 뛰면서 즐거운 생각이 먼저 듭니다. 그들과 함께하며 우리 교회와 자연학교가 만났던 기쁨을 적어 보려 합니다.

타고난 어린이 농부들

움사랑 아이들은 자연이 주는 만큼 먹고, 가꾼 만큼 수확하는 자연학교 농사에 아주 뛰어난 농부들입니다. 매곡리에 오면 머리부터 발끝까지 체조하고 가장 먼저 하는 일이 텃밭으로 달려가 지난번에 심어놓은 감자며 배추, 채소들이 잘 지냈는가를 살펴봐 줍니다. 풀을 매고 물도 주고, 북도 돋우어줍니다. 심을 때는 초보 농부였다가 거둘 때가 되면 모든 작물이 자란 것처럼 아이들도 자라 있습니다. 참 신비로운 일입니다.

자연학교 농사는 열매가 크고 매끈하지 않습니다. 화학비료는 주지 않고 얼마간의 퇴비에 아이들과 선생님들이 힘을 합하여 농사 짓다 보니 크기도 제각각, 모양도 다 다릅니다. 벼는 농부의 발소리를 듣고 자란다는 말처럼 열매들이 모두 움사랑 아이들을 닮아 있는 것 같습니다.

겁내지 말고, 씩씩하게

자연학교에 오면 아이들이 놀 수 있는 것들이 많습니다. 놀이터라고 정해져 있지는 않지만 아이들이 가서 놀면 다 놀이터겠지요. 모래 쌓아놓은 곳에 집도 짓고 식당도 열고, 댐도 만들고… 행복하기가 그지없습니다. 이팝나무, 모감주나무와는 친구와 어깨동무하듯 안고, 만져주고, 올라가고, 걸터앉아 하하호호 재미납니다. 조그만 강에서는 길이 없으면 길을 만들고, 물고기도 잡고, 물놀이도 하고, 얼음썰매도 타고 놉니다. 그 어느 곳에도 '놀이터'라고 적어놓지 않았습니다. 아이들을 다 받아주는 곳에서 아이들은 겁내거나 쭈뼛대지 않고 언제나 반갑고 좋은 친구가 됩니다.

재미나게 놀다가도 '집으로 갈 시간이다' 선생님이 말씀하시면 아이들은 모든 것들을 그 자리에 두고 갑니다. 아무것도 욕심내지 않고, 어떤 친구와도 다 나눌 수 있고, 함께 즐거울 수 있는 놀이를 아이들은 자연학교에서 스스로 깨우치는 것 같습니다.

다치면 어쩌나 싶을 때도 있습니다. 하지만 아이들은 생각보다 많이 씩씩합니다. 넘어져도 금방 일어납니다. 아이들이 세상살이하면서 넘어질 때가 왜 없을까요? 왜 힘든 일이 없을까요? 넘어졌다 일어나본 아이들, 힘들게 높은 곳에 올라가고 내려와본 아이들은 세상을 살아낼 힘을 스스로 터득하는 것 같습니다.

자기의 일은 스스로 하자!

움사랑 아이들은 매곡리 자연학교에 와서 무엇을 해야 하는지 너무나 잘 알고 있습니다. 농사 도구를 사용하고 어디에 두어야 하는지도 잘 알고 있습니다. 수돗물을 사용한 후에 꼭 잠가야 하는 것도 알고 있습니다. 식사하는 공간이 불편하지만 질서를 지키면 모두 함께 맛있게 밥 먹을 수 있다는 것도 알고 있습니다.

아이들은 많은 것을 스스로 잘합니다. 아이들의 시간은 자연이 흘러가는 시간과 무척 닮아 있는 것 같습니다. 잘 가꾸어주면 자연스럽게 열매가 맺히는 것을 아이들이 여기에서 배워 그런 것 같기도 합니다. 왜 자라지 않느냐고 다그치지 않아도 자랄 때가 되면 자라고, 열매를 맺을 때가 되면 열매가 맺히는 것이 아이들도 비슷한 것 같습니다. 기다려주고, 지켜봐 주면 어느 순간 아이들이 딱 깨닫게 될 때가 있다는 것을 지난 세월 동안 많이 보았습니다.

움사랑만의 특별함이 있을 것입니다. 줄 세우지 않고, 화장실 가고 물 마시는 기본적인 것은 자기가 알아서 하도록 지도하기에 선생님께 일일이 물어보지 않고 자연스럽고, 자유롭게, 자기가 결정하여 필요하다고 생각되면 할 수 있는 것이지요. 오늘 어떤 공부를 할 것이라고 계획은 늘 하지만, 계획은 계획일 뿐 그것을 훨씬 넘어서는 재미난 일들이 늘 이루어지는 것 같습니다. 자연이 주는 먹을거리를 온몸으로 감사하게 받을 수 있는 것은 어쩌면 선생님들의 애씀이 있기 때문일 것입니다.

저희는 움사랑생태어린이집의 원장님, 선생님, 어린이들, 학부
모님들께 늘 고맙습니다. 자연학교를 자연학교가 되도록 만들어주기
때문입니다. 자연학교가 본질을 벗어나지 않도록 서로 어깨동무하며
계속 함께 걸어갈 수 있기를 바랍니다.

줄 세우지 않는 아이들 산책

남의 집 귀한 자식
함부로 키워주는 어린이집

윤태규

어느 작은 도시에 어린이집 두 곳이 있었습니다.

하나는 '남의 집 귀한 자식 함부로 키워주는 어린이집'이고 또 하나는 '남의 집 귀한 자식 귀하게 키워주는 어린이집'입니다.

'남의 집 귀한 자식 함부로 키워주는 어린이집'은 이름이 너무 길어 '함부로 어린이집'이라고 줄여서 말했습니다. '함부로 어린이집'은 아이들이 굉장히 좋아하는 어린이집입니다.

'남의 집 귀한 자식 귀하게 키워주는 어린이집'도 이름이 너무 길어 '귀하게 어린이집'이라고 줄여서 말했습니다. '귀하게 어린이집'은 엄마와 아빠들이 무척 좋아하는 어린이집입니다.

함부로 어린이집 놀이시간입니다.

“얘들아, 안에서 놀래 밖에서 놀래?”

‘함부로’ 어린이집 선생님이 이렇게 물었습니다.

“밖에서요.”

아이들이 입 모아 대답했습니다. 교실 안보다는 밖에서 함부로 놀기가 좋아서입니다.

“그럼 밖에서 마음대로 놀아보세.”

아이들은 신이 났습니다. 신을 신고 노는 아이도 있고, 신을 훌훌 벗어던지고 맨발로 노는 아이도 있습니다. 한참 신나게 놀던 아이들은 덥다고 웃옷을 벗어제끼고 놉니다. 물놀이를 하다가 모래놀이를 하다가 마음대로입니다.

아이들은 땀을 뻘뻘 흘리며 신나게 잘 놀았습니다.

귀하게 어린이집 놀이시간입니다.

“얘들아, 안에서 놀래 밖에서 놀래?”

‘귀하게’ 어린이집 선생님이 이렇게 물었습니다.

“밖에서요.”

아이들이 입 모아 대답했습니다. 교실 안보다는 밖에서 노는 게 더 좋은가 봅니다.

“안 돼요! 밖은 위험해요. 교실 안에서 조심해서 놀도록 하세요.”

선생님이 묻고 선생님이 결정했습니다. 아이들을 밖으로 내보내지 않았습니다. 밖에서 놀다가 남의 집 귀한 자식 다치기라도 하면 큰일이 나니까요.

"선생님, 실내화 벗고 놀아도 돼요?"

실내화가 답답한지 한 아이가 선생님에게 쪼르르 달려와서 물었습니다.

"안 돼요! 신고 노세요."

실내화 벗고 놀다가 무엇에 찔릴까 봐 걱정이 되어서 그럽니다.

"선생님, 옷 벗고 놀아도 돼요?"

"안 돼요! 입고 노세요."

감기라도 들면 큰일이니까요.

"선생님, 말타기 해도 돼요?"

"안 돼요! 위험한 놀이는 절대 하지 마세요."

말타기 놀이를 하다가 머리 다치면 어쩌려고요.

아이들은 조심스럽게 조용하게 놀이를 마쳤습니다.

'함부로' 어린이집에서 '탈것'에 대해서 공부하는 시간입니다.

자전거, 버스, 기차, 택시, 승용차, 트럭, 배, 오토바이, 비행기, 경찰차, 소방차, 구급차…. 별별 게 다 나왔습니다. 아이들은 기차를 탔던 이야기도 하고, 비행기를 탔던 이야기도 했습니다.

"그럼 이제부터 비행기 접기를 해보겠습니다."

아이들은 선생님을 따라 알록달록 색종이로 비행기를 접었습니다.

"슈웅."

"윙."

"씽."

아이들은 자기가 만든 비행기를 날리느라 정신이 없습니다. 비행기는 선생님 머리 위에 내려앉고, 창문틀에도 내려앉습니다. 열린 창문으로 날아가버린 비행기도 있습니다.

신나게 '탈것' 공부를 마쳤습니다. 아이들은 기분이 좋습니다. 하늘을 날 것만 같습니다.

귀하게' 어린이집에서 '탈것'에 대해서 공부하는 시간입니다.

자전거, 버스, 기차, 택시, 승용차, 트럭, 배, 오토바이, 비행기, 경찰차, 소방차, 구급차…. 별별 게 다 나왔습니다. 아이들은 기차를 탔던 이야기도 하고, 비행기를 탔던 이야기도 했습니다.

"그럼 이제부터 비행기 접기를 해보겠습니다."

아이들은 선생님을 따라 알록달록 색종이로 비행기를 접었습니다.

"자기가 만든 비행기 날개에 '비행기'라고 써봅시다."

아이들은 색연필을 꺼내어 글자를 쓰기 시작했습니다.

"선생님, '행'자 어떻게 써요?"

"어제 배운 글자를 잊었군요. 그러니 이제부터 배운 글자는 잊지 않도록 쓰고 또 쓰고 하세요. 알았지요?"

선생님이 '행' 자를 보여주면서 야단치듯이 말했습니다.

"다음에는 선생님이 보여주는 장난감 자동차 이름을 써봅니다."

선생님이 버스, 자전거, 배, 경찰차를 차례로 들어 보여줍니다.

아이들은 글자를 쓰느라 땀을 뻘뻘 흘립니다.

"선생님, 비행기 언제 날려요?"

글자를 다 쓴 아이가 물었습니다.

"틀린 글자가 하나도 없어야 비행기 날리기 할 거예요."

그러나 아이들이 쓴 글자에는 틀린 게 많았습니다. 비행기 날리기는 해보지도 못하고 '탈것' 공부를 마쳤습니다. 아이들은 기분이 안 좋습니다. 벌 받고 야단맞은 기분입니다.

'함부로' 어린이집 숲속놀이 시간입니다.

아이들이 짝과 손잡고 재잘재잘 재잘대며 선생님을 따라 숲속 놀이터로 갑니다. 숲속에서 작은 도랑을 만났습니다. 졸졸 도랑물이 흐릅니다. 아이들이 신발을 홀홀 벗고 도랑물을 건넙니다.

"선생님, 올챙이 있어요."

"선생님, 소금쟁이도 있어요."

아이들은 누가 먼저랄 것도 없이 도랑물에 착 달라붙습니다.

"가재도 있는가 한 번 살펴보세요."

선생님이 잘 놀라고 응원을 하듯이 말했어요.

"가재다!"

"어디? 어디?"

아이들은 신이 났습니다.

"선생님, 이 돌 멋지지요? 곰돌이 닮았어요."

아이들은 물속 탐험도 하고, 예쁜 돌을 줍기도 합니다.

'귀하게' 어린이집 숲속놀이 시간입니다.

아이들이 짝과 손잡고 재잘재잘 재잘대며 선생님을 따라 숲속 놀이터로 갑니다. 아이들 사이사이에 엄마 도우미들도 있습니다.

숲속에서 작은 도랑을 만났습니다. 졸졸 도랑물이 흐릅니다.

"도랑물에 들어가면 안 됩니다. 물속에 유리조각이 있을지도 몰라요. 그러니 선생님과 엄마 도우미들이 업어서 건너줄 때까지 줄을 서 있으세요."

"선생님, 올챙이 있어요."

"선생님, 소금쟁이도 있어요."

아이들이 신기하다는 듯이 도랑물 속을 들여다봤습니다.

"물이 더러우니 손발을 담그면 안 됩니다. 알았지요?"

아이들은 도랑에서 놀고 싶었지만 어쩔 수 없었어요.

"선생님, 이 돌 멋지지요? 곰돌이 닮았어요."

도랑물을 업혀서 건넌 아이들이 자갈밭에서 예쁜 돌을 주웠습니다.

"자갈밭에 들어가지 마세요. 자갈밭에 엎어지면 크게 다쳐요."

선생님이 깜짝 놀라며 소리쳤습니다.

아이들은 물속 탐험도 예쁜 돌 줍기도 못했습니다.

다음에 만난 것은 숲속에 있는 놀이터입니다.

놀이터에는 아이들이 가장 좋아하는 그네가 있습니다. 한 줄 그네도 있고, 두 줄 그네도 있습니다. 자동차 바퀴를 매달아놓은 그네도 있습니다. 두 줄 그네가 가장 인기입니다. 두 줄 그네 앞에는 긴 줄이 생겼습니다. 차례대로 타려고 그럽니다. 한 줄 그네에 붙은 아이는 맨발로 타잔이 되었습니다. 자동차 바퀴 그네에도 몇 아이가 대롱대롱 붙었습니다. 그네에 붙은 아이들은 모두가 '함부로' 어린이집 아이들입니다.

'함부로 어린이집' 아이들이 신나게 그네놀이를 하고 있는 것을 부럽게 보고 있는 아이들이 있습니다. '귀하게 어린이집' 아이들입니다. 두 줄 그네는 높이 오를 때가 위험하고, 한 줄 그네는 미끄러져 다치기 쉽고, 자동차 바퀴 그네는 먼지가 많기 때문에 구경만 하고 있습니다.

그때였습니다. 갑자기 둘레가 어두컴컴해지더니 소나기가 마구 쏟아졌습니다. '함부로 어린이집' 아이들과 선생님은 맨발로 도랑물을 첨벙첨벙 도망치듯이 건너서 건너편에 있는 원두막에서 비를 피했습니다.

'귀하게 어린이집' 아이들은 어떻게 되었을까요? 도랑물을 건너지 못하고 발만 동동 굴렀습니다. 비는 점점 세차게 내리는데 선생님과 엄마 도우미들은 아이들을 업어 건너느라 정신이 없습니다. 아이들은 겁이 나서 엉엉 울음보를 터뜨렸습니다. 업혀 건너온 아이들도 무서워서 울음보를 터뜨렸습니다. 도랑을 가운데 두고 이쪽저쪽에서 아이들이 마구 울어댔습니다. 맑은 도랑물이 흙탕물이 되고 말았습니다. 물이 불어서 콸콸 소리를 내며 흐릅니다. 이제는 어른도 건너기 어렵게 되었습니다.

119 구급차가 왱왱 소리를 내며 달려왔습니다.

'귀하게 어린이집' 아이들은 119 아저씨들에게 업혀서 도랑물을 겨우 건넜습니다. 머리가 젖고 옷이 다 젖어 물에 빠진 생쥐 꼴이 되었습니다.

비가 멎었습니다.

'함부로 어린이집' 아이들은 원두막에서 나와 어린이집으로 갔습니다. 그런데 아이들 머리에는 하나같이 우산이 씌워져 있습니다. 가만히 보니 원두막 옆에 있는 연잎을 꺾어서 머리에 얹었네요. 언제 그걸 꺾었을까요?

"호호호, 하하하, 낄낄낄…."

비를 맞아 옷은 젖었지만 연잎 우산놀이가 재미있는지 깔깔대며 어린이집으로 갔습니다.

'귀하게 어린이집' 아이들은 구급차와 급하게 달려온 어린이집 차를 타고 편안하고 안전하게 어린이집으로 갔지요.

이 소나기 사건 뒤부터는 엄마와 아빠들도 '함부로 어린이집'을 점점 좋아했다나 어쨌다나요.

윤태규 - 참된 교육자의 귀감, 똥교장 선생님

42년간 초등학교 교사로 아이들 곁을 지켰다. 이오덕 선생님의 뜻을 이어 '한국글쓰기교육연구회'에서 활동하며, 아이들이 자신의 삶을 정직하게 글로 쓰는 '삶을 가꾸는 글쓰기 교육'에 헌신했다. 대구 종로초등학교 교장 재직 시절, 권위를 내려놓고 아이들과 스스럼없이 소통하는 모습으로 '똥교장 선생님'이라 불리며 참된 교육자의 귀감이 되었다. 퇴임 후에도 아이들의 마음을 닮은 동화와 교육 현장의 생생한 목소리를 담은 글을 집필하고 있다.

자연에서 찾은 미술

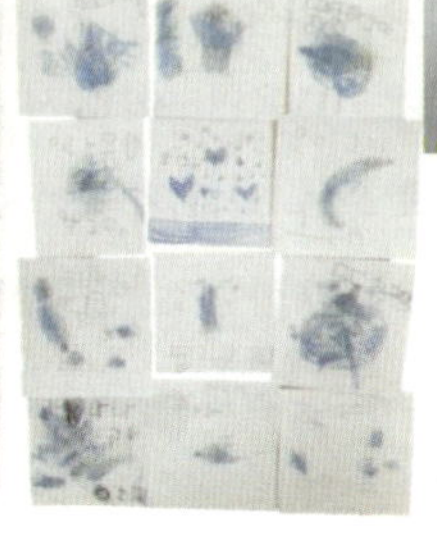

달개비꽃에서
물감이 나와요~.
꽃물로 그림을 색칠해요.

"선생님, 이거 뭐예요?"
"달개비꽃인데 그림을 그릴 수 있어."
"우와, 진짜네."
"여기도 있고 저기도 있어."

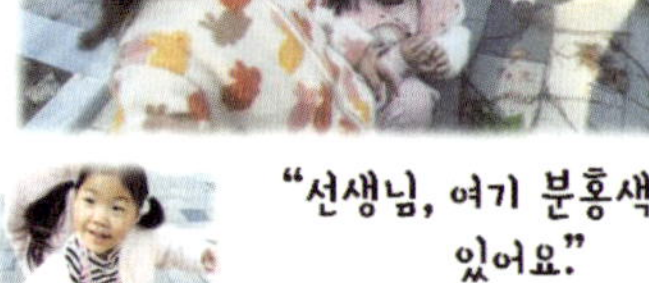

"선생님, 여기 분홍색 꽃이
있어요."
"우리 어떤 색깔 있는지 한
번 찾아볼까?"
"흰색, 분홍색, 노랑색,
초록색, 주황색, 갈색…
색깔 진짜 많아요."

자연물로
표현한
만다라와
자연물 그림

놀이 속 배움

- 색과 형태를 관찰하는 탐구 능력을 기름
- 친구들과 함께 구성하며 소통·협력하는 사회적 기술을 익힘
- 창의적 예술 감각과 자기표현 능력을 성장시키는 경험을 함

새로운 미술 기법

"도희야, 이것 봐. 연필로 계속 색칠해봐."
"어떡해? 이렇게?"
"어, 그리고 지우개로 지워봐."
"우와, 신기하고 재미있다."
"선생님, 그림책 우리 그림이랑 똑같아요."

"선생님, 이거 나도 하고 싶어요. 뭐예요?"
"으~~ 근데 냄새가 너무 심해요."
"마블링 물감인데."
"그게 뭔데요?"
"음, 기름으로 만든 물감인데 물에 둥둥
떠 있어."
"우와, 진짜 신기하다."

"손이 미끌미끌하다."
"내 그림 우주 같다."
"별이 가득 있는 것 같은데 이쁘다."

특별한 놀이터
전장으로 변신

놀이 속 배움

- 새로운 도구와 기법으로 **창의적인 표현**을 시도하고 자신의 느낌을 표출함
- 물감의 움직임과 색의 변화(자연적 현상)에서 **미적 요소**를 발견하고 즐거움을 느낌
- 물감의 **촉감**, 물 표면의 느낌, 색의 혼합 과정 등을 직접 보고 만지며 **탐색**하고 감각을 발달시킴

여행을 떠나기 전에 제일 먼저 해야 하는 일은 무엇일까요!?
바로 " 여행지 정하기! " 지도와 다양한 팜플렛을 제공해주었더니
그림을 보면서 " 여기가 재미있겠다! 여긴 어디예요!? " 하고 여행지의 이름을 물어보기도
하고 " 여기로 여행 갈까?" 하며 여행지를 정하기도 한답니다.

티켓팅이 끝나고 나면
보안검색대에서 가방과 몸을
수색해야 탑승을 할 수 있어요!

"선우야 ㅋㅋㅋ 뭐해?"
"여기 지금 삐삐해서 내가 보고 있는 거예요!"
"어랏! 뭐가 들었어? 몸에 안 좋은 거네! 누구 가방이야!"

보안 검색해주시는
분들이 앞에서 지키고 계셔요.
그냥 지나가시면
"어!! 가방검사 안 했
잖아요!!" 하고 다시
불러들여지는 승객분도
계신답니다. ㅎㅎ

"양팔을 옆으로 해주세요!"
"네! 저 나쁜 거 없어요!"
"잘 모르니까 한번 해보겠습
니다! 자, 오세요!"
"넵!!"
몸수색이 끝나고 나면
즐거운 여행 시작!

 # 수액실과 입원실이 생겼어요

영아가 스카프 위에 동물 인형을 눕히며 "아파서 입원했어"라고 말하자, 교사는 '수액실' 글자를 그려주고 색칠할 수 있도록 색연필을 제공했어요. 수액실 간판을 만들어 벽에 붙이고 작은 책상으로 수액실 공간을 꾸며주자, 영아들은 동물 인형을 치료하며 역할놀이에 몰입해요.

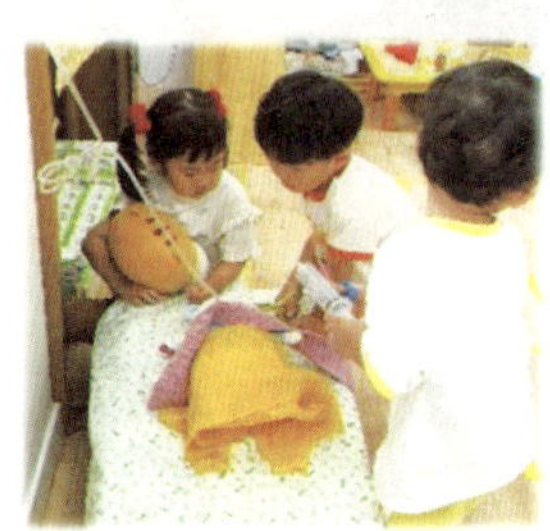

스카프로 입원실을 만들고 인형을 눕히며 놀이하던 수액실이 이동 침대가 되어 영아들은 이동 침대를 끌고 마트 놀이 때 사용했던 엘리베이터 공간으로 환자를 이송하며 "올라갑니다. 이층입니다"라고 말하며 입원실로 옮기고 치료실에서 치료하며 놀이를 이어갔어요.

♡ **놀이 속 배움** – 역할놀이를 통해 공간과 도구를 활용해 상황을 상상하며 의사소통 능력과 사회적 상호작용을 발달시키고 신체 조절력과 문제 해결 능력을 기를 수 있다.

 # 산부인과 안과가 생겼어요

예서가 "배에 아기가 있어요."라고 말을 하며 인형을 옷 안에 넣자 옆에 있던 친구들도 배에 인형을 넣으며 "아기가 생겼어요"라고 말해요. 교사는 접수처 공간을 만들어주고, 지난달 집 놀이에서 활용했던 공간을 이용해 환자들이 앉아 기다릴 수 있는 접수 대기실을 만들어주었어요.

접수 중인 영아들에게 접수증과 색연필을 제공하여 환자에게 어디가 아픈지 물어보고 접수증에 체크할 수 있도록 했어요. 임산부 역할을 한 영아가 배가 아프다고 하자, 교사는 상자로 수술대를 만들어 지원해주고 영아는 수술대에 누워 아기를 낳거나 아픈 친구들을 치료하는 놀이를 했어요.

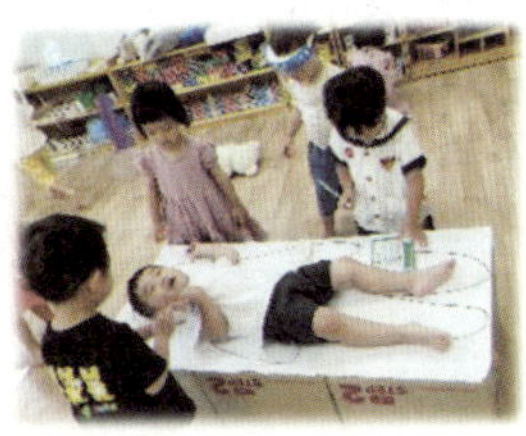

환자들이 "눈이 아파요."라는 말을 하여 교사가 벽면에 안과 진료실을 만들어주자, 교실에 배치된 주방 도구들로 눈을 가리고 시력검사를 해요.

♡ **놀이 속 배움** – 역할놀이를 통해 자신의 생각과 감정을 말로 표현하고 친구들과 협력하며 사회적 상호작용을 경험한다.

숲 · 산책 · 바깥놀이

― 산책에는 사색, 여유, 자유, 자연스러움, 즐거움, 만남 등이 담겨 있다. 산책은 아이들이 온갖 자연물을 직접 보고, 만지고, 듣고, 느끼고, 냄새 맡을 수 있는 체험적 교육 활동이다.
― 바깥놀이는 아이들 자신이 가지고 있던 지식, 개념, 경험을 자유롭게 펼치는 시간이다. 바깥놀이를 통해 지적인 호기심과 상상력을 키우고 계절의 변화와 친구들과 더불어 살아가는 능력을 갖게 된다. 또한 자연을 통해 생명의 소중함을 깨닫는다.
― 움사랑에서 산책과 바깥놀이는 일회성이 아닌 일상의 한 부분으로 자리 잡고 있다.

비 오는 숲 산책

움사랑 줄넘기 최고 기록 보유(1,204개 /2016년 7세 김은채)

바깥놀이 – 긴 줄 넘기

가족 참여 전래놀이 – 온 식구 노는 날

QR코드를 스캔하시면 가을 숲산책 영상을 보실 수 있습니다.

2018
✔온 식구 노는 날 시작
✔매주 수요일 연령통합 노는 날 시작

2015
✔일곱 살 줄넘기로 매매계약서 쓰고 움사랑 주인이 된 첫 해

2012
✔움사랑 가족운동회 시작

2011
✔매주 숲산책
✔매주 동네 산책
✔매일 바깥놀이

아이들은 놀기 위해 세상에 온다. QR코드를 스캔하시면 바깥놀이 영상을 보실 수 있습니다.

2026년 계획

[산책] 숲에서 계절의 변화를 몸으로 느껴요
[전래놀이 급수제]
• 1급 : 늑대 다람쥐, 줄넘기 등
• 2급 : 달팽이 놀이, 어미새 아기새, 비석치기, 사방치기 등
• 3급 : 무궁화꽃이 피었습니다, 꽃 따기, 여우야 여우야 등

생명의 밥상 프로젝트

'잘 먹고 잘 자라고 잘 노는 아이'는 건강한 아이의 상징이다. 생명의 밥상 프로젝트는 제 손으로 텃밭을 일구고, 절기에 따른 음식이나 제철의 재료를 이용한 먹을거리를 만들어 먹으며 식습관 형성, 음식에 대한 태도 개선, 음식·사람·자연과의 관계 인식을 돕는다.

텃밭잔치의 시작이 된
열무 농사

세시 절기 음식 –
삼짇날 화전 만들기

영양사 선생님과
힘께하는
식생활교육

비빔밥 데이
(가정 연계)

움사랑생태어린이집의 반 이름은 일 년 농사와 비슷합니다.
<해오름> 해가 떠오르면
<터일굼> 농부가 땅을 일구어 씨앗을 뿌리고
<싹틔움> 씨앗에 싹이 트고
<물오름> 줄기로 물이 차오르면
<꽃피움> 꽃이 피고
<씨영굼> 씨앗이 영급니다.

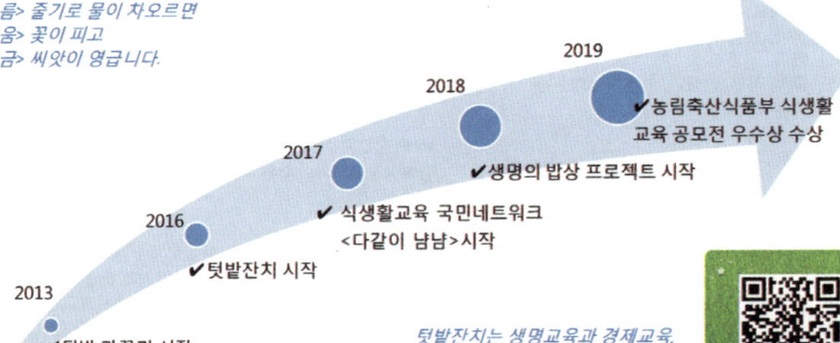

텃밭잔치는 생명교육과 경제교육, 나눔교육이 어우러진 최고의 놀이입니다. QR코드를 스캔하시면 첫 텃밭잔치 사진을 보실 수 있습니다.

2026년 계획

[킬러 푸드 브릿지]
- 채소, 과일과 친해지기 '작물 키우기'
- 컬러 푸드교육으로 채소, 과일과 친숙함 높이기
- 오감으로 즐기기
- 직접 만들어 먹기
- 가정 연계 : 그린푸드 데이(저탄소 친환경 인증 농산물, 로컬 푸드 식단, 잔반 없는 날)

세계시민교육

세계시민교육이란 인간은 누구나 소중하며 존중하는 태도를 기를 것, 한 개인은 세계의 구성원이며 평화와 안전을 위해 노력할 것, 문화적 차이를 이해하고 존중할 것, 세계시민으로서 지구환경을 위해 노력할 것의 목표를 위해 지식, 기능, 가치, 태도를 기르는 교육이다.

[환경] 우유팩 순환은 환경에서 시작하여 나눔으로 이어짐

[나눔] 우유팩 교환, 텃밭잔치 및 수공예품 판매 수익금으로 나눔 실천

[인성] 화가 났을 때 도움이 되는 행동, 아닌 행동을 놀이로 알아보기

▯ 나눔 실천
2018년 양말, 선풍기, 팔찌, 과자 세트 총 3회 나눔
2019년 백미, 양말, 선풍기, 전기용품 총 4회 나눔
2020년 이불, 양곡 총 2회 나눔
2021년 김 세트, 선풍기, 라면 총 2회 나눔
2022년 백미, 선풍기 총 2회 나눔
2023년 백미, 선풍기 총 2회 나눔
2024년 휴지, 라면, 선풍기, 이불 총 3회 나눔
2025년 백미 1회 나눔

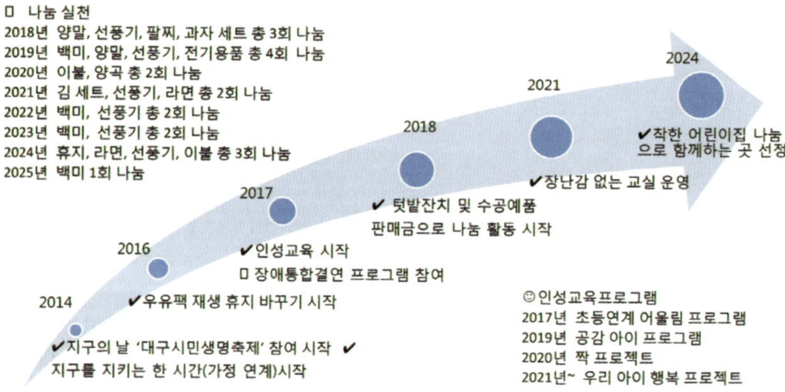

*유네스코는 2030년까지 지속가능발전목표(ESD)를 달성하기 위해 '2030을 위한 지속가능발전교육'을 채택했다. 이에 한국 유네스코위원회는 유네스코학교네트워크를 중심으로 학교교육과 ESD의 연계를 위한 다양한 프로그램을 개발하고 협력하기 위해 노력하고 있다.

2026년 [움사랑 지속 가능 발전 목표]

• 환경 : 우리모두가 함께 살아갈 깨끗한 환경 −매월 우리 반, 우리 가족 지구사랑 1약속 실천하기

• 인성 : 친구와 함께 하는 행복 교실− 칭찬하고, 인정하고, 공감하고 −요일별 마음 나누기 실천

• 나눔 : 나눔으로 행복한 세상 만들기 − 연 2회 기부 활동 실천

생태문학

생태문학이란 아이들 입에서 터져나온 이야기를 들어주고 알아주고, 또 감동해주는 마주 이야기와 그림책의 글과 그림을 온전히 감상하고 음악, 미술, 연극, 글쓰기와 같은 예술활동들로 표현하는 그림책통합예술활동을 함께 이르는 교육이다.

제4회 두근두근 책놀이터 연극제

제7회 두근두근 책놀이터 가족 참여 활동

지금은 졸업한 박한율이 다섯 살 때 한 마주 이야기

□ 두근두근 책놀이터
제1회 정승각 작가와 함께하는 권정생 문학
제2회 이루리 작가와 함께하는 생태통로
제3회 권문희 작가와 함께하는 옛이야기
제4회 온라인 연극제(코로나19)
제5회 온라인 예술제(코로나19)
제6회 코로나19 이후 최대 규모 '논다는 건 뭘까'
제7회 아내야!!

2013
✔ 마주 이야기 시작
✔ 그림책놀이 시작

2015
✔ 두근두근 책놀이터 시작

2018
✔ 한림출판사 캐릭터 인형 만들기
대회 대상 수상

2021
✔ 도서관 '책놀이터' 개관

2025
✔ 도서관 리뉴얼 공사
✔ 새 단장기념 공모전 개최

QR코드를 스캔하시면 2020년 연극제 영상 한 편을 관람하실 수 있습니다. (더 많은 영상을 관람하시려면 회원가입을 하셔야 합니다.)

2026년 계획

- 선제 : 그림책 통합 예술 활동, 마주 이야기
- 5세 : 한 줄 글쓰기, 동생반에게 이야기 들려주기
- 4세 : 우리 반 그림책 만들기
- 3세 : 인형극 만들기
- 2세 : 마주 이야기 나누기
- 1세 : 옛이야기 듣기

생태예술

생태예술이란 미술과 음악을 통해 감정과 정서를 표현하며 자연과 세상을 알게 하고, 아이들의 이야기가 담긴 노래를 부르고, 미술로 표현하며 정해진 시간에 이루어지는 활동이 아닌 시간과 공간을 넘나드는 아이들의 삶 속에서 이루어지는 놀이로 아이다움을 표현할 수 있는 프로그램이다.

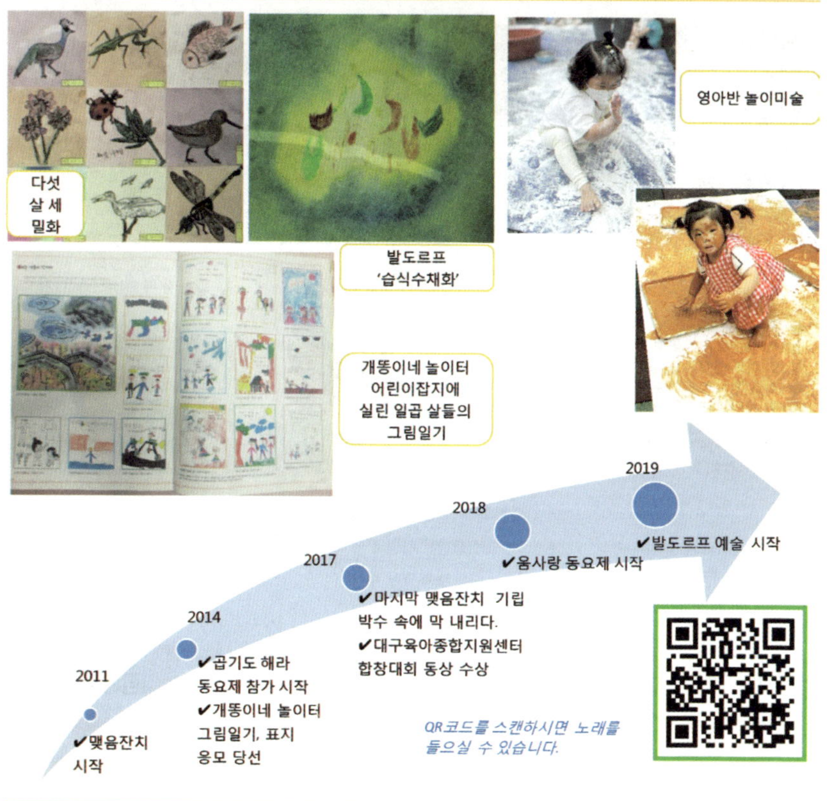

다섯 살 세밀화

발도르프 '습식수채화'

영아반 놀이미술

개똥이네 놀이터 어린이잡지에 실린 일곱 살들의 그림일기

2011
✔맺음잔치 시작

2014
✔곱기도 해라 동요제 참가 시작
✔개똥이네 놀이터 그림일기, 표지 응모 당선

2017
✔마지막 맺음잔치 기립 박수 속에 막 내리다.
✔대구육아종합지원센터 합창대회 동상 수상

2018
✔움사랑 동요제 시작

2019
✔발도르프 예술 시작

QR코드를 스캔하시면 노래를 들으실 수 있습니다.

2026년 [도전 과제]

• 교실에 계절을 입히다
• 장난감 고민 해결! 나만의 놀잇감 만들기
• 움사랑 1인 1악기 합주회
• 아이들 글에 노래를 입혀 동시요 짓기

수공예놀이

손놀림은 단순한 육체적인 과정이 아니라 정신적인 과정이어서 손의 사용을 통하여 머리, 마음, 손이 조화롭게 발달한다. 손끝을 사용해서 무언가를 만들면서 실용적이고 예술적인 감각, 정교함, 치밀성을 몸에 익힌다.

영아 손끝놀이-
달팽이끈 말기

3세
손끝
놀이
- 실 감기
(모빌)

4세 손끝놀이·직조(가방)

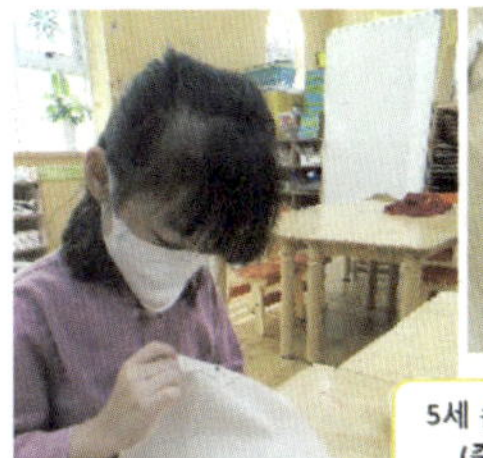

5세 손끝놀이-바느질
(줄넘기 주머니)

유아 목공놀이
-망치질(지오보드)

유아 목공놀이
-드라이버(로봇 키링)

2014년부터 시작한 수공예품 판매
개별 상품 최고 판매액을 기록한
2015년 일곱 살들의 '아우 인형'

2026년 [올해의 도전과제]

- 5세 : 개성 넘치는 목도리 뜨기, 단짝 인형 만들기
- 4세 : 핸드 메이드 양말목 액세서리, 직조 가방 만들기
- 3세 : 고민 고민 하지 마 걱정 인형, 꿀잠 드림캐처 만들기
- 2세 : 미용움사랑자격증(가위질) 취득하기
- 1세 : 열심히 찢고, 열심히 옮기고, 열심히 끼우기

놀며 배우는 움사랑

펴낸날	2026년 3월 9일
펴낸이	김남호
펴낸곳	현북스
출판등록일	2010년 11월 11일 | 제321-2010-333호
주소	서울 영등포구 양평로 157, 801호
전화	3141-7277
팩스	3141-7278
홈페이지	www.hyunbooks.co.kr
편집	심은정
디자인	페이지제로

ISBN 979-11-5741-458-1 03330